U0596613

新人事
NewHR

马勇 ◎ 著

销售薪酬

从设计到落地

▶▶▶

让企业业绩倍增的核心方法

深圳出版社

图书在版编目（CIP）数据

销售薪酬从设计到落地：让企业业绩倍增的核心方
法 / 马勇著 . -- 深圳：深圳出版社，2024. 10.
ISBN 978-7-5507-4075-4

Ⅰ . F275

中国国家版本馆 CIP 数据核字第 2024KC4117 号

销售薪酬从设计到落地： 让企业业绩倍增的核心方法

XIAOSHOU XINCHOU CONG SHEJI DAO LUODI : RANG QIYE YEJI BEIZENG DE HEXIN FANGFA

出 品 人　聂雄前

责任编辑　南　芳

责任校对　彭　佳

责任技编　郑　欢

装帧设计　字在轩

出版发行　深圳出版社

地　　址　深圳市彩田南路海天综合大厦 （518033）

网　　址　www.htph.com.cn

订购电话　0755-83460239 （邮购、团购）

设计制作　深圳市字在轩文化科技有限公司

印　　刷　深圳市华信图文印务有限公司

开　　本　787mm×1092mm　1/16

印　　张　20.25

字　　数　260 千字

版　　次　2024 年 10 月第 1 版

印　　次　2024 年 10 月第 1 次

定　　价　78.00 元

版权所有，侵权必究。凡有印装质量问题，我社负责调换

法律顾问：苑景会律师 502039234@qq.com

薪酬是一种投资，
如果设计得好，每天都在赚钱；
设计得不好，每天都在亏钱。

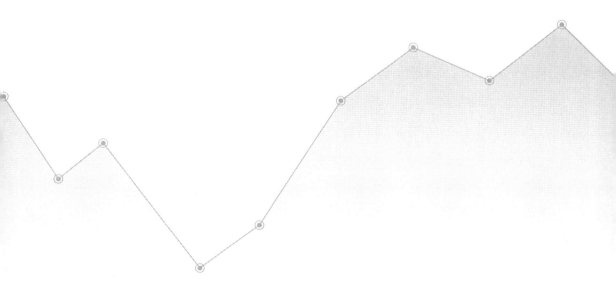

在人力资源管理领域中，尽管从人力资源规划、人员招聘、培训开发到绩效管理、薪酬管理、员工关系管理的各个职能模块都非常重要，但薪酬管理却是最为关键的。这是因为，无论企业设计了看上去多么科学合理或高大上的人力资源管理体系，建设了多少个人力资源管理模块，只要求职者或员工认为自己得到的薪酬不合理或不公平，那么，他们要么一开始就不会接受雇用，要么来干一段时间也会离职，如果既无法离职又心生不满，那么还有可能以消极怠工甚至侵占公司财物或从其他方面获取利益的方式来力图达成内心的平衡。

当今的很多企业都不像过去仅仅满足于用一套完整的大一统薪酬体系涵盖企业中的各种工作人员，相反，越来越多的企业选择根据不同的员工或工作类型来设计个性化的薪酬体系，其中，对销售人员的薪酬进行单独设计和管理已经成为一种非常普遍的现象。而众所周知，即使是在计划经济时期，销售人员往往也是各类员工中管理难度最大的那部分人。原因至少有四：一是销售活动对于很多企业来说就是生命线，企业即使产品再好，技术水平再高，如果没有把产品或服务销售出去，转化为销售收入，也很难在竞争中生存下去。因此，很多企业对于销售人员是既爱又恨，想管但又不敢管太严，甚至公司的高层都让着销售人员几分，尤其是对"销冠"。二是销售工作的性质决定了销售人员的自由度高、接触面广。销售人员往往满世界跑，到处去找客户，不是忙着跟客户进行联络、沟通、谈判，就是在签约和催款，他们大部分时间都不在公司常规办公地点工作，上级和职能部门很难监督他们的具体工作活动。三是销售人员往往是对企业外面的世界最了解的人，他们不仅接触客户，甚至在很多时候还要与竞争对手的销售人员为争夺客户而"近身肉搏"，在长期的竞争关系中，还很可能跟竞争对手的销售人员打成一片甚至成为"哥们儿"，所以他们往往很清楚竞争对手给销售人员提供的是什么样的待遇或采用的是何种薪酬制度，一旦对本公司的薪酬待遇不满，直接"反水"也不是没可能。四是做销售工作的人往往对钱很敏感，而且头脑比较灵活，一旦他们发现公司的薪酬体系存在漏洞，极有可能会利用这些漏洞为自己谋利益，让企业有口难言。正出于以上这些方面的原因，企业在设计销售人员的薪酬体系和对其进行管理时就必须慎之又慎。

1987—1997 年的十年时间，我在中国人民大学劳动人事学院学习劳动经济学专业，在中国尚未出现人力资源管理专业之前，劳动经济学就是最正宗的研究工资问题的专业了，只不过那时候还是理论研究多。直到读研究生期间，我开始翻译美国的人力资源管理教科书，才逐渐将工资的理论与企业的薪酬管理实践真正结合起来研究和思考。我在博士毕业留校后开设了工资管理的课程，面向本科生、研究生以及企业人力资源管理专业人员讲授薪酬管理课程近三十年，我编写的《薪酬管理》教科书也已经更新到了第六版。销售人员的薪酬设计与管理一直是我编写的教科书中的一部分内容，也是授课过程中必讲的内容。此外，我在业余时间完成的几十家企业的咨询项目中，基本上都涉及薪酬的模块，我对薪酬管理包括销售人员的薪酬管理实践是非常感兴趣的。事实上，在 1995 年，我读博士的第二年，彭剑锋老师牵头组建的人大华为项目组派我去华为独立完成一个项目，就是华为的销售人员薪酬制度的设计。

马勇是我博士毕业留校从教后带的第一个班的学生，我们多年来一直保持着联系，我知道他在人力资源管理实践过程中取得的诸多成就，他先是一位在企业有着多年实战经验的人力资源管理从业者，后来开始从事管理咨询工作，同时还在讲授薪酬管理等一些实操性很强的人力资源管理课程。他发给我的这份书稿，确实有一种让人眼前一亮的感觉。这本书比我编写的教科书中有关销售人员的薪酬管理的内容要更为全面、系统和细致，不仅分析了销售人员的工作特征、工作活动、胜任能力要求，还对销售人员薪酬设计与管理的方方面面的技术细节和方法进行了通俗易懂的讲解，列举了大量的实用案例，对于人力资源管理从业者掌握销售人员薪酬设计的基本原理、方法和技巧非常有参考价值。薪酬的设计与管理实际上涉及在企业的投资者、经理人（及其管理团队）以及员工之间如何进行利益平衡的问题，薪酬制度的设计者和薪酬实践管理者既需要有大格局、通人性，还必须掌握足够多的人力资源管理专业知识和技能。可以说，本书在这方面做了非常有益的探讨。我拟将这本书作为我编写的薪酬管理教科书中推荐的阅读书目，同时愿意找机会与马勇对一些案例进行更为深入的探讨，争取编写出更多更好的薪酬管理教学案例，共同为中国企业的人力资源管理事业做一点贡献。

刘昕

中国人民大学公共管理学院组织与人力资源研究所教授、博导

中国人民大学人力资源开发与管理研究中心主任

以销售薪酬设计推动企业增长

应该没有人会质疑：几乎对任何一家公司而言，销售团队对于公司业绩的持续增长都是至关重要的。销售人员拼命工作，拿订单的驱动力主要来自其可能获得的劳动报酬，这当中主要包括销售人员的工资、提成、奖金与长期激励。

从逻辑上来讲，各类公司都应高度重视销售薪酬设计工作。然而，现实并非如此，大多数公司销售薪酬的现状是：

1. 销售薪酬多年未变，而公司的产品、市场环境、销售模式以及团队发生剧烈变化。

2. 销售薪酬同质化严重，言必称华为、阿里等头部企业薪酬实践，却未能深入理解自身的发展阶段和业务实质，设计符合自身情况的销售薪酬。

3. 销售薪酬复制其他企业的制度，未能经过精心的数学建模与测算，关键决策往往拍脑袋，公司业务做得越大，亏得越多。

4. 销售薪酬设计不当，要么老员工躺平，新员工内卷；要么无法吸引外部优秀的销售人员。

5. 销售薪酬止步于薪酬，而与其关系紧密的配套管理鲜有涉猎，不懂也不会涉及，从而导致销售薪酬作用发挥有限。

…………

出现上述问题的原因有很多，我们可以将原因大致分为**"逻辑"**与**"技术"**两类：

一、销售薪酬设计的逻辑缺乏。技术容易习得，逻辑却难以复制，从我们为客户提供了超过 300 个薪酬咨询设计经验来看，不同客户的销售薪酬方案千变万化，但底层逻辑是相对稳定的，这些底层逻辑确保了销售薪酬方案的效率与有效性，具体包括以下 5 点：

1. 促进增长：销售薪酬设计的核心目标是促进企业增长，前者是手段，后者是目的，设计者不能沉浸于薪酬技术，而忘记了出发点，错把手段当作目的，那就南辕北辙了。

2. 提高人效[①]：销售薪酬设计不应该将焦点放在员工获得报酬的绝对值上，而应关注销售薪酬占毛利比等人效指标，以及人效指标与企业效益指标之间的联动关系。

3. 能上能下：销售薪酬设计应让业绩表现优秀的员工收入持续上升，让业绩表现不佳的员工收入持续下降，最终让销售人员薪酬与其能力、责任相匹配，实现销售薪酬的动态管理机制。

4. 吸引人才：销售薪酬设计对外能吸引优秀销售人员，形成薪酬竞争力；对内能让优秀的销售人员稳定，让不胜任的销售人员以最快的速度离开公司。

---

① 即人力成本的投入产出效能。

5. 促进公平：销售薪酬设计应确保不同的销售人员具备相同的销售机会和资源，从而获得相同报酬的机会，而不是基于资历、学历与客户资源来设计薪酬。

二、销售薪酬设计的技术缺乏。销售薪酬方案的设计看起来简单，实际上复杂无比，远非底薪＋提成那么简单。因此，本书将重点介绍我们在销售薪酬咨询实践中的技术性总结，这些技术性的方法为众多客户提供了富有创造性的解决方案，主要包括以下 5 个方面内容：

1. 销售薪酬概述。这部分内容主要是销售薪酬设计基本原理、销售工作本质与流程、销售组织与岗位设计、销售人员素质模型，可以帮助读者站在更高层次来认识与思考销售薪酬设计。

2. 销售基本薪酬。这部分内容主要介绍销售人员基本工资模型、确定与动态调整，销售人员绩效工资模型、算法与绩效指标等，帮助读者厘清销售人员基本薪酬组成及其设计规则。

3. 销售激励薪酬。这部分内容以销售提成／奖金的 CAVPD 模型为主，对模型中的基数、算法、边界、支付以及分配模块进行深入阐述，帮助读者形成科学、系统的销售薪酬设计思路。

4. 销售薪酬实施与风控。这部分内容介绍了销售薪酬的配套管理、方案管理以及高频风险点，可以帮助读者降低销售薪酬方案实施过程中的风险，提高销售薪酬变革的成功率。

5. 销售薪酬综合案例。这部分内容选取了销售人员、销售管理以及销售支持人员的薪酬方案，可以帮助读者将全书中技术性内容全部串起来，从而获得销售薪酬设计的整体观。

此外，为了帮助读者更加有效掌握本书的知识点，我们还配套设计了一些基于真实场景的销售薪酬测试题目，题目可能会有些难度。我们在题目旁放置了二维码，大家扫码后输入关键字可获取参考答案。需要提醒的是：切勿直接查看测试题目答案，绞尽脑汁解决问题的过程也会让你收获颇丰。

另外，请读者朋友注意，本书中的计算采用四舍五入的口径呈现，读者在阅读和应用时需留意，以确保准确性。

最后，我要感谢苏燕君、别业旭两位同事的大力协助，他们承担了大量的案例搜集和书稿整理工作，并从读者的角度给予我诸多有益的建议。鉴于本人的水平和能力有限，书中难免会有偏颇疏漏之处，欢迎各位读者批评指正，我的联系方式为 okmayong@126.com。

马勇

2024 年 8 月

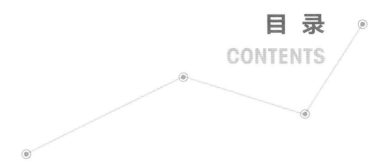

目 录
CONTENTS

027

061 | 第三章
基本工资：从设计到动态调整

第六章
提成 / 奖金设计的 CAVPD 模型（下）

253

第九章
风险防范：销售薪酬管理不踩雷

281

第十章

咨询实践：销售薪酬的实战方案

第一章

理解销售：
开启销售薪酬设计

销售作为企业价值创造的核心环节，其好坏直接关系到企业的生存与发展。对于任何一个想要做好销售薪酬设计的人而言，有必要深入理解销售业绩的形成和其背后的影响因素。

一、探寻业绩增长的驱动因素

（一）销售业绩是如何产生的？

通常，员工绩效的产生是员工能力和意愿叠加的结果，而意愿的大小取决于激励的程度。具体到销售业绩的产生，可以把前面的逻辑转化为一个公式：销售业绩 = 商业机会 × 能力 × 激励。由于现实中的商业机会是不连续和不均等的，销售人员如果想要抓住机会，就必须具备捕捉机会的能力。企业同时为销售人员提供配套的激励机制，才能促使销售人员积极主动工作，让其能力发挥到极致，从而创造更大的价值。

因此，销售人员的薪酬设计的逻辑，本质上就是促使销售人员通过个人努力，在实现销售的组织目标的同时满足其个人的需求，具体包括以下三个方面：

首先，销售的组织目标是什么？销售的组织目标由销售人员个人目标汇集而成，一般而言，大多数公司销售的组织目标可以从以下 4 个维度来构建（表 1-1）：

表 1-1 销售的组织目标维度与衡量指标

目标维度	衡量指标
收入	销售额、销售目标完成率、销售额增长率、单个产品销售额、单客户销售额、新客户销售额、潜在市场的销售额

续表

目标维度	衡量指标
利润	净利润、毛利润、投资回报率、贡献毛利、贡献净利润
客户	新客户数量、客户流失数量、购买特定产品的客户数量
订单	订单数量、平均订单规模、订单数量增长率

其次，销售的个人努力是什么？销售人员的个人努力应与业绩达成的驱动因素保持一致，销售人员的努力才有意义。回顾一下身边的销售人员的工作特点，绝大部分销售人员并无严格的坐班考勤要求，但是并不意味着组织对销售人员行为并无任何要求。现实中，销售人员在日常工作中，需要大量地拜访客户、撰写产品计划书或项目报告、邀约客户来司做产品演示，甚至各类应酬及出差等，通过一个个销售行为来实现最终的销售目标，这些都属于销售人员的个人努力。不同的销售人员采取的行为不同，相应带来的销售结果也大相径庭。根据对销售人员行为的观察，大部分的销售人员通常会有以下销售行为（表1-2）：

表1-2 销售人员常见的销售行为

维度	常见的销售行为
前期准备	调研、了解需求、鉴别、预约、拜访、会议、演示、报告
获得订单	应酬、谈判、审查、协调、记录、跟进
后期服务	投诉处理、反馈、培训、协调、支持、回访、跟进

仅知道销售人员常见的销售行为没有用，还需要将销售行为与公司业绩靠前的销售人员进行匹配，即深入研究什么样的销售行为可以高效为公

司带来销售业绩，并将其有目的地嵌入销售人员的薪酬设计中 [①]。

最后，销售人员的个人需求是什么？当销售人员完成销售的组织目标时，应提供相应报酬来满足销售人员的个人需求（表 1-3）。一般而言，可以把销售人员的个人需求分为两类：

一是物质需求，即销售人员可以获得基于业绩和个人贡献的劳动报酬，这是销售人员个人需求的核心部分，也是销售人员的原始动力所在；

二是非物质需求，即销售人员可以获得的职位、地位、荣誉等，这些是综合的、复杂的、附加的需求，是叠加在物质需求之上的衍生需求。

表 1-3 销售人员的期望回报（个人需求）

回报类型	具体内容
物质回报	劳动报酬：基本薪酬、提成奖金、年终奖金及各类津贴补贴、福利（带薪假、商业保险、养老年金和其他非现金福利）
职业发展	晋升机会：业绩优秀者可以获得更高职位的晋升机会 职业培训和发展：包括销售技能培训、产品知识培训和个人发展计划等
认可和尊重	业绩认可：例如区域销售冠军、月度或季度 top sales 等 身份认可：将"销售经理"头衔调整为"销售总监"，来自团队和公司对个人身份的认可和尊重；配置豪华办公室、专用司机等
工作满意度	成就感：通过达成销售目标和帮助客户解决问题获得成就感和满足感 良好的工作氛围：与同事和上司保持良好的关系，享受舒适的工作环境
时间自由	灵活的工作时间：大多数销售人员希望有较为灵活的工作时间，可以帮助他们更好地平衡工作和生活的需要

---

① 详见本书第四章中《典型销售岗位考核要点》部分。

（二）销售业绩的影响因素

虽然本书主要是讨论销售薪酬与业绩增长之间的关系，但是必须认识销售业绩的产生是由各种因素共同作用的结果，绝对不是由销售薪酬这个单一因素所决定的。理解这一点非常重要，很多时候不是策略与举措有问题，而是没有找到真正的问题所在。

影响销售业绩的常见因素一般有：素质模型、产品服务、薪酬绩效、岗位设计、销售模式、客户管理等。具体如表 1-4 所示：

表 1-4 影响销售业绩的因素及内容

序号	因素	主要内容
1	素质模型	销售人员的知识 / 技能 / 素质
2	产品服务	定价（高中低）/ 商业模式
3	薪酬绩效	激励的强度 / 激励的持久性 / 激励的导向
4	岗位设计	销售流程 / 客户重要性 / 销售方式 / 销售周期
5	销售模式	个人 / 团队、直销 / 代理、线上 / 线下
6	客户管理	自己开发 / 公司分配、存量资源 / 增量资源

对销售业绩影响因素的研究，主要用于销售业绩的诊断，找出影响销售业绩的关键变量。比如，分析一家公司销售业绩裹足不前或下滑的原因时，千万不要把销售薪酬理解为影响销售业绩的唯一因素，如果没有找到问题的根源就盲目改革，调整销售人员薪酬，很可能适得其反；只有站在更全面的角度来思考销售业绩的影响因素，而不是只从销售薪酬出发，才可能解决问题。下面分享我们曾经做过的一个咨询项目。

案例1-1 如何帮助年亏3000万企业扭亏为盈？

某科技公司主要为公安、政府、电网等提供安保系统集成服务，该公司业务及销售团队具有以下特点：

1. 所处赛道竞争激烈，客户往往要求资金垫付，导致公司现金流压力巨大；

2. 从业人员素质要求高，销售人力成本高，销售人员底薪往往都在2万—3万/月；

3. 销售人员薪酬结构为底薪＋提成，销售成交周期通常需要1年以上，无论销售人员的业绩如何，其底薪基本不做调整。

在上述背景下，该公司安保系统集成业务连续3年每年亏损超过3000万，企业不堪重负，寻求咨询公司介入。在我们的协助下，该公司通过1年半左右的努力，2022年全年实现了扭亏为盈。

下面来分享一下，我们是如何帮助客户实现扭亏为盈的。如前所述，影响一家公司销售业绩的主要因素包括：素质模型、产品服务、薪酬绩效、岗位设计、销售模式、客户管理等。我们对其逐一分析，具体如表1-5所示：

表1-5 销售业绩影响因素诊断分析

序号	因素	判断结果
1	素质模型	该公司设置的销售人员底薪较高，用此薪酬标准可以在市场吸引一线大厂的销售人员，销售团队综合素质不低，初步判断不属于影响业绩的关键因素

续表

序号	因素	判断结果
2	产品服务	该公司过去已经承接并服务过不少公安、政府、电网的标杆客户，说明其产品服务模式从商业逻辑的角度是跑得通的，初步判断不属于影响业绩的关键因素
3	薪酬绩效	无论该公司销售人员业绩如何，其底薪基本不会变化，业绩不佳的人员躺平，没有承接组织绩效形成的压力，初步判断销售人员的薪酬绩效机制存在问题
4	岗位设计	该公司属于典型的长周期销售，基于产品属性及客户定位，配置了对任职要求较高的岗位，即大客户销售经理，初步判断不属于影响业绩的关键因素
5	销售模式	鉴于长周期大客户销售模式，该公司采用以直销为主、代理为辅助的模式，自有的销售团队主要负责直销，符合大客户销售常见模式，初步判断不属于影响业绩的关键因素
6	客户管理	该公司业务所处的市场属于新兴市场，客户资源由销售人员自行开拓，短期内不存在业务发展天花板或市场开始萎缩的情形，初步判断不属于影响业绩的关键因素

经过初步诊断后，我们计划对该公司销售人员薪酬绩效机制进行重构，其核心思路为：将销售人员的底薪与业绩目标关联，并加以动态考核。考虑到该公司销售周期较长，通常在 1 年左右，因此，我们为该客户设计了 12 个月滚动考核机制 [①]。即每个月回溯销售人员过去 12 个月业绩达成情况，以此调整销售人员的底薪情况，做得好的销售人员薪酬可以持续上升，做得不好的销售人员也可以有足够的时间追回业绩，确保其薪酬水平不下降，只有持续多月销售业绩较差的销售人员薪酬会下降。

2021 年第三季度伊始，该公司正式推行新方案。经过一段时间的试运行及数据监测，我们发现薪酬绩效机制"能上能下"的功能已初步实现，能够牵引销售人员做大做强，也能避免低效员工的躺平，但公司经营

---

① 更多的销售人员滚动考核机制，详见本书第三章中《基本工资的动态调整》部分。

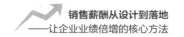
业绩并没有像预期一样大幅度上升。

那问题出在哪里呢？或者说还有什么因素是我们没有考虑到的？基于前述销售业绩影响因素的分析，我们把目光又重新聚焦到销售人员的素质模型上，也就是人的因素上。该公司销售人员的底薪较高，吸引了素质较高的销售人员，公司经营业绩增长不应该是这样的速度，那会不会是团队负责人有问题呢？

为此，我们在该公司内部进行了一轮新的访谈，包括公司管理层、销售管理团队、核心销售骨干、产品研发团队等，我们的结论是：目前的销售团队负责人无法胜任该职位。虽然已得出结论，但是要解决这个问题并不容易，尤其是调整销售团队的负责人，处理不当的话，很有可能给公司销售业绩带来毁灭性的打击。

通常，摆在我们面前的路径主要有两条：

第一，从现有销售团队内部提拔，但是考虑现有的销售团队由现负责人组建，其销售团队管理模式容易沿袭过去之惯例，我们认为这不是一个好的选择。

第二，从外部市场招募销售负责人，且不说能否快速找到合适的人选，来了之后还要熟悉公司的业务和团队，消耗大量的时间和资源，甚至会带来销售团队的震荡。因此，这也不是一个好的选择。

那怎么办呢？我们与客户共同做了一个大胆的决策，将人力资源部负责人调整到事业部做销售负责人。当时做这个决策的理由主要是：一个合格的销售管理者并不一定是销售出身，关键是要能够坚决贯彻与落实公司战略，以及用相应的管理手段确保战略落地，而人力资源部负责人刚好具备这样的特点。经过反复沟通与做工作，人力资源部负责人于 2021 年底走马上任。

2022 年 12 月 7 日，该公司 HRVP（人力资源副总裁）和销售 VP（原人力资源部负责人）宴请我们项目团队，欣喜地告诉我："虽然目前还没有到 12 月 31 日，但是从经营数据来看，我们在 2022 年已经实现扭亏为盈了。"听闻客户喜讯，我们比客户还要开心，要知道在 2022 年经济环境不甚友好的背景下，取得如此佳绩实属不易。

从上述的咨询实战案例来看，我们在协助客户实施薪酬绩效变革过程中，并未局限于薪酬绩效领域，因为影响销售业绩的因素有很多，而如何促进销售业绩的增长却是最终目的所在，薪酬绩效只是为了达成最终目的的手段之一，不能因为手段而忘记了目的。所以，在设计销售人员薪酬绩效机制时，要将影响业绩的因素给剥离出来，找准问题、对症下药，这样才能保证薪酬绩效机制发挥作用。

（三）销售工作流程的拆解

一般而言，一家公司的销售流程主要包括"发现需求、客户识别、获得订单、订单交付、客户服务"5 个核心环节（图 1-1）。销售管理需要在这五大环节中界定销售工作的内容，每一环节都有助于赢得和留住客户，不同公司的销售岗位在每个环节涉及的深度各有不同。

发现需求　　客户识别　　获得订单　　订单交付　　客户服务

图 1-1 销售全流程图

1. 发现需求：为公司的产品或服务找到潜在的客户群体，主要工作由市场部以及销售部门承担，前者通常采用批量方式获取客户，而后者通常采用一对一方式获取客户。

2．客户识别：销售人员需要识别能做出购买决定的客户，有时候市场部也会协助销售人员进行筛选与识别。

3．获得订单：销售人员的核心目的就是从客户那里获得订单，通常以合同签订为标志。

4．订单交付：订单交付通常都是非销售人员负责，但是由于销售人员与客户互动较多，客户在订单交付环节遇到问题后，仍会与销售人员沟通，以处理订单交付环节遇到的各类问题。

5．客户服务：大多数公司都会为客户提供售后服务，销售人员常常还会因为客户不满意而进入服务环节。

需要注意的是，发现需求和创造需求是两个完全不同的概念，对于绝大多数销售人员来说，能够发现需求就很不错了，即用公司的产品与服务来满足客户的需求。而创造需求则完全不同，它是客户尚未意识到的某些需求，或公司现有产品服务未能覆盖的领域，只有在深度理解客户价值诉求之后，才可能创造出新的客户需求，这对销售人员的要求较高。

由于不同公司的产品、客户及销售模式不同，销售工作可能会涉及其中一个环节，也可能会涉及多个或者全部环节。下面，来看看身边的一些常见销售岗位会涉及的工作流程。

表 1-6 常见销售岗位涉及的工作流程

销售岗位	销售过程				
	发现/创造需求	客户识别	获得订单	订单交付	客户服务
车险销售	√	√	√		
独立顾问	√	√	√	√	√
新品推广员	√				
售前技术支持			√		
售后技术支持				√	√
带货主播	√	√	√		

二、如何让销售岗位价值最大化

根据我们的实践经验，任何一个公司无论它的销售模式如何，与销售有关的岗位都可以分为三类：销售、销售支持、销售管理。不同的销售岗位对人员的素质要求是不同的，相应地，其薪酬设计也有所不同。

（一）销售岗位的设计思路

1. 销售。可以基于销售流程、客户重要性、销售方式、销售周期等维度设计不同的销售岗位，详见表 1-7。

表 1-7 不同类型的销售岗位及定义

岗位分类依据	具体分类	定义	说明
销售流程	Hunter[1]	主动挖掘有购买意向的客户，把潜在客户变成成交客户的销售人员	为了提升前端获客的效率，会将获客这一环节独立出来，由能力强的销售人员专门负责开拓新客户，这类销售岗位我们称之为"Hunter"；能力偏弱的销售人员专门维系现有客户、避免老客户流失，我们称之为"Farmer"
	Farmer[2]	维系现有客户，避免老客户流失的销售人员	
客户重要性	一般销售	负责向一般客户销售产品的销售人员	通常，用客户对公司的价值贡献或战略地位来衡量一般客户和大客户，不少公司会设置一般客户和大客户的价值贡献标准，当一般客户对公司的价值贡献达到大客户的标准时，客户将从一般销售团队转到由大客户销售团队负责
	大客户销售	负责向大客户销售产品的销售人员	
销售方式	直客销售	销售人员直接与终端客户接触，实现销售目标	一般情况下，直客销售的业绩增长速度慢，但成本较低；渠道销售的业绩增长速度快，但成本较高。对于两种模式兼有的公司而言，必须要关注直客销售与渠道代理商之间的"跳单"[3]现象。至少，直客销售不能与渠道销售合并成为一个岗位，从而降低"跳单"风险
	渠道销售	销售人员通过各个渠道代理商，间接地与客户接触，实现销售目标	

---

[1] Hunter：中文意思是"猎手"，本处是指开发、获取新客户。

[2] Farmer：中文意思是"农民、耕耘者"，本处是指负责客户关系的维系与管理。

[3] "跳单"是由于公司支付了直客销售人员底薪，其提成比例通常低于渠道代理商，直客销售往往容易与渠道代理商合谋，将本属于直客销售的客户转移到渠道代理商执行，从而增加公司经营成本。

续表

岗位分类依据	具体分类	定义	说明
销售周期	短周期销售	产品或服务相对简单，客户决策周期较短，通常在6个月内，以一对一销售为主	主要由公司业务性质决定，短周期销售类似于线下门店类的销售人员，如果五分钟内无法将产品卖给客户，那么后面也没有机会卖给客户；长周期销售类似于大型设备销售、汽车零部件销售等，短则半年，长则三年以上。本质上，长周期的销售能否成交，不在于产品，而在客情关系
	长周期销售	产品或服务相对复杂，客户决策周期较长，通常是6个月以上，以团队销售协同为主	

2. 销售支持：主要有售前支持和售后支持，售前支持主要负责销售前期技术或产品方案的提供，比如软件公司的业务分析师或者售前技术顾问；售后支持主要负责销售后期的落地服务或问题解决，比如装修公司的工程人员。

3. 销售管理：可以基于销售管理的工作定位，将其分为全职销售管理和兼职销售管理两类，无论哪种销售管理人员，几乎都是因为销售业绩突出而被提拔上来的。

全职销售管理者，个人不做业绩，通过管理手段确保团队整体的目标达成，不会出现销售管理者与销售人员抢夺客户的情况。但全职销售管理者容易走向官僚化，离客户越来越远，难以敏锐察觉市场变化，缺乏对销售人员的有效指导，甚至毁掉一名优秀的销售人员。

兼职销售管理者，同时拥有销售人员和管理人员的双重身份。因此，兼职销售管理者既要对个人目标达成负责，也要对团队目标达成负责。由于销售人员是一个凭业绩说话的群体，兼职销售管理者未脱离一线工作，容易通过自身业绩对销售团队形成有效指导，但也容易出现"大树底下不

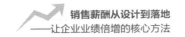

长草"的现象，兼职管理者沉溺于具体销售工作，团队成员成长速度慢，不少销售组织中的团队业绩大部分由兼职销售管理者贡献。

（二）销售岗位的薪酬策略

当熟悉了不同类型的销售岗位后，便可根据各岗位承担的责任以及交付的结果来设计不同的薪酬模式。针对不同类型的销售岗位，采取不同的薪酬设计策略，常见的销售岗位薪酬设计策略如表 1-8 所示：

表 1-8 销售岗位的薪酬设计策略

岗位分类	薪酬设计策略
销售	薪酬结构以基本工资与业绩提成 / 奖金为主，业绩提成 / 奖金可以基于个人或者团队业绩来确定 对于业绩优秀的销售人员，可以设置目标奖金，比如月度或季度最佳销售员奖、年度销售冠军奖等
销售支持	薪酬结构以基本工资与绩效奖金为主，绩效奖金可以基于其所支撑的销售人员目标达成情况来确定
销售管理	薪酬结构以基本工资、绩效奖金、长期激励为主，绩效奖金可以根据个人、所辖团队或部门的销售绩效来确定

（三）销售岗位的素质模型

当理解了销售岗位后，需要进一步思考，什么样的人才能胜任特定公司的销售岗位。过去选人的时候，往往会更关注冰山[①]以上的东西，比如这个岗位候选人需要具备某种知识、技能，他的学历、形象等一些外在的

---

① 指麦克利兰冰山模型。

东西。但是，研究发现决定一个人能在这个岗位走多远，其实和他的底层素质有关，比如隐藏在冰山以下的价值观、自我定位、驱动力以及人格特质。这种底层的素质我们统一称之为"素质模型"，简单来说，就是候选人需要具备什么样的特质，才可以大概率把这个工作做好。如果在人员甄选环节没有选对人，不仅浪费公司大量的人力成本，还可能让管理者误以为销售业绩不佳的原因是薪酬制度存在问题，从而导致公司作出错误的管理决策。

通常情况下，素质模型需要先基于岗位工作分析，确定每个职责模块需要具备的能力项后，再去分别定义行为要素及分级标准。很多管理者或咨询公司把素质模型设计得极其复杂，以此显得自身专业、神秘。这种素质模型即使设计出来，也只能束之高阁，无法落地执行。

在此向大家提供一个简化版的素质模型，这是我们在为客户提供咨询服务过程中总结而成，行之有效、容易理解且操作简便，我们把它称之为"马氏素质模型"，具体如下（图1-2）：

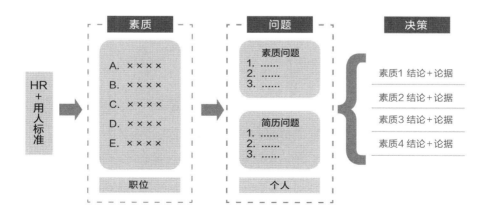

图1-2 马氏素质模型

第一步，提炼素质。提炼销售岗位的胜任素质时，千万不要自己闭门造车，应该与业务部门共同讨论，把双方都认为重要的能力提出来，然后一起推敲、排序、做减法，最终挑选出不超过 5 个素质项，素质项太少，无法有效判断候选人，素质项太多，管理成本过高而又无法执行。

我们曾经帮一家公司建立销售岗位能力素质模型，研究了该公司过去所有优秀销售人员的人事档案及工作习惯，发现该公司优秀的销售人员都具备以下 5 个特点：

1. 赚钱欲望。销售人员一定要有强烈的赚钱欲望，如果"家里有矿"或者是超级富二代，他就不太可能有这么强烈的动力去干销售。

2. 取悦他人。销售人员与人打交道，不仅要会说话，还要有很强的亲和力，表现出来的特点就是会取悦他人，与客户交流时，客户会觉得很舒服。

3. 抗压抗挫。销售人员每天从事销售工作，会遇到各种各样的挫折，如果不能很好地处理挫折以及自我调节，那他是无法在销售岗位坚持下去的。

4. 勤奋自律。销售人员的起点和能力都不一样，但是勤能补拙，就算一开始什么都不会，只要足够勤奋，行动力够强，基本上可以成为一名好销售。

5. 目标导向。销售人员一定要很清楚自己想要什么，并习惯以终为始开展行动，每一个行动计划都是为了达成业绩目标。

第二步，设计问题。当梳理完销售人员的素质项后，需要设计面试题目（参考下表 1-9）。面试题目主要分为行为面试和场景面试。行为面试主要基于候选人过去的行为来预测未来，比如遇到某类问题时，你过去是怎么解决的；场景面试则是模拟的场景，可能销售人员没有遇到过，假设候选人遇到了此类场景，候选人会如何应对。具体示例如下：

表1-9 销售岗位核心素质及面试题库

核心素质	参考面试题	
	行为面试题	场景面试题
赚钱欲望	·为什么会选择做销售工作？ ·很多销售人员在长期工作中会出现疲乏、失去开发新客户的热情。谈谈你是否出现过这种情形，分析下原因，说说你是怎么调整自己的？ ·在你心中，薪酬、认同感和成长空间的重要性是如何排序的？	·当你同事的销售业绩比你更出色时，你会怎么想？你计划如何改变这种现状？ ·如果给你200万你会怎么花？
取悦他人	·结合过去的工作经历谈一下，初次见面你会通过什么方式来了解客户的偏好？ ·在过去的工作中，你是否有记录客户关键日期的习惯？什么是客户关键日期？ ·在过去的工作中，你的上级和同事是如何评价你的？你如何与公司内部同事维系较好的人际关系？有哪些行之有效的方法？	·请谈一下对我们公司（或者面试官）的印象。 ·中秋节你会送什么礼物给客户？如何送礼物？给客户的礼品送不出去时你会怎么办？会如何给客户发信息？ ·你在宴请客户或者与客户沟通时会聊什么话题？
抗压抗挫	·举一个你跟进一段时间后最终放弃的客户例子，放弃的原因是什么？ ·分享2个近期成功的项目案例或1个失败的案例。	·如果已经谈好的客户突然取消订单，你会怎么办？ ·如果客户预算不够，提出压价五十万才会签单的要求，你会怎么办？

续表

核心素质	参考面试题	
	行为面试题	场景面试题
勤奋自律	·你去年的业绩目标是多少？最终完成情况怎么样？在前公司的业绩排名是多少？你采取了哪些措施促进目标的达成？你认为自己为什么会有这样的业绩排序？ ·过去的销售工作中，你的客户拜访量最多的时候是多少？一般每天拜访多少客户，花多少时间？拜访客户后是否有拜访记录？记录中包含哪些要素？	·如果给你定的销售任务很重，完成任务的时间又很短，你会用什么方法以确保完成销售任务？
目标导向	·你是否有超额完成工作目标的时候？你是怎样取得这样的业绩的？ ·说说你未来 3～5 年的职业定位计划。为实现你的目标，你都做了哪些努力？ ·是否有统计分析过自己的成单转化率（拜访多少个客户才能成单）？如何提高成单转化率？	·如果我们录用你，你将如何开展工作？预计目标是多少？ ·如果公司给你分配一个新市场开发任务，谈谈你的计划。

比如要考察"取悦他人"，我会问这个候选人，中秋节你打算送什么礼物给客户？如果他说送月饼，那我会直接 PASS 掉。

为什么呢？因为大家都会想到月饼，你的竞争对手肯定也会，很有可能你的客户都已经收到几十盒月饼了。你送的月饼能获得客户的好印象吗？可能客户拿回去后，看着那几十盒月饼，根本想不起来到底是谁送的，你的无效投入就是浪费，更谈不上取悦客户了。

第三步，决策用人。在结构化面试环节中，可以根据岗位所需要的素质项，结合候选人的实际水平选择合适的面试题，并仔细记录你提的问题和候选人的回答。到了录用决策环节，HR 要和业务部门一起讨论，讨论的要点包括：候选人符合销售人员素质模型中的哪一项？依据是什么？比如你问了什么，候选人答了什么，你是如何从候选人的回答中得到这个结论的。

此外，如果我们在做录用决策时，发现候选人进入公司的实际表现未达预期，我们需要回顾并反思在录用决策中的依据是否存在问题。找到问题的根源后，再依此调整面试策略和方法，只有通过不断地复盘和改进，选人能力与精准度才可以持续提升。

三、销售组织设计的逻辑

销售组织模式的设计取决于公司的具体业务需求、市场环境以及发展战略。同时，还要考虑如何通过技术和流程优化来支持组织的有效运作。销售组织模式通常是按照区域、产品、客户、职能这四个维度来展开设计。

（一）以区域为中心

以区域为中心的销售组织（图 1-3），实质上就是不同销售人员在不同的区域服务客户，这样可以保证客户与销售的一一对应，不会出现多个销售因为不同产品而重复对接同一个客户。但是，由于客户的基础、市场潜力等都不一样，这种组织架构对销售人员要求非常高，销售人员也很难熟悉多个产品线的产品。

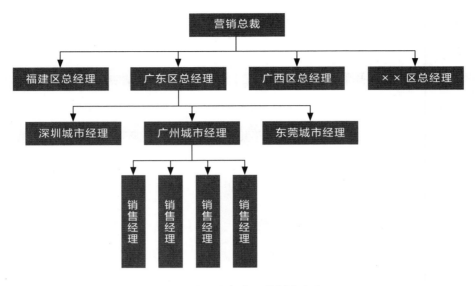

图 1-3 以区域为中心的销售组织

（二）以产品为中心

以产品为中心的销售组织（图 1-4），销售人员专注于某一产品线的客户开发，可以快速解决客户在该产品技术层面的问题。但是，如果客户购买公司多个产品，需要对接多个销售人员，会面临重复销售的问题。我们曾服务过一个科技公司，他们的客户曾经在一天之内，接待了该公司 4 个不同产品线的销售人员拜访，客户不胜其烦，原因就是该公司的销售组织就是按照产品来设计的。

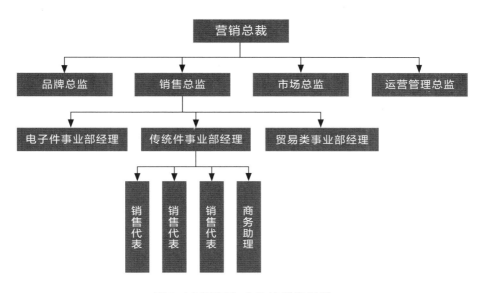

图 1-4 以产品为中心的销售组织

（三）以客户为中心

以客户为中心的销售组织（图 1-5），比如销售人员 A 专门发展金融机构客户，销售人员 B 专门负责非金融机构客户。销售人员对所在行业非常熟悉，能够快速与客户建立链接，和以产品为中心的销售组织比较类似。它同样存在一个问题，就是客户会购买多个产品，比如机构客户的个人也会考虑购买个人客户端对应的产品，这必然要求组织能够灵活地协调多个产品，沟通成本较高。

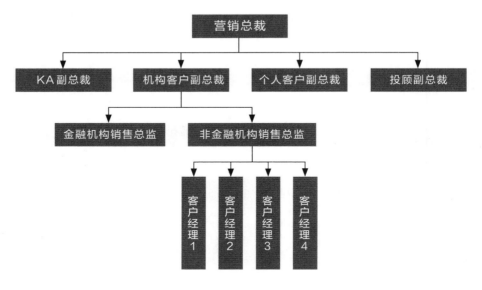

图 1-5 以客户为中心的销售组织

（四）以职能为中心

以职能为中心的销售组织（图 1-6），一个销售组织内部，既有销售部（电销中心），也有售前支持（运营中心企划部、质检部）和售后支持（客服部、理赔一部、理赔二部），这类组织的产品与服务相对单一，如果太复杂，可能存在职能线无法支撑的问题。

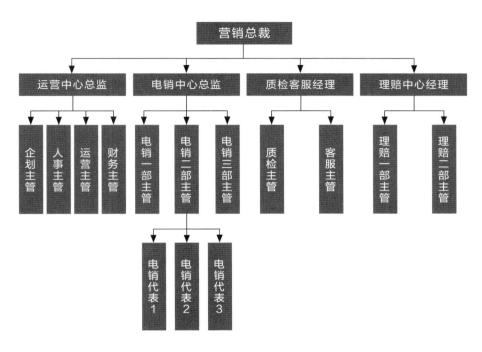

图 1-6 以职能为中心的销售组织

（五）不同销售组织的利与弊

前面分别讲了以区域为中心、以产品为中心、以客户为中心、以职能为中心的销售组织模式。简单总结这四类组织模式的利与弊，见表 1-10。

表 1-10 不同销售组织的利弊比较

销售组织	利	弊
区域导向	简单、有效、没有重复	销售区域不平衡 对生产和市场知识要求更高 销售人员很难掌握很宽的产品线 协调问题
产品导向	销售人员更好地了解产品及其用途	重复销售

续表

销售组织	利	弊
客户导向	销售人员更好地了解顾客、产品应用	与产品团队的合作更复杂
职能导向	销售人员在细分领域非常专业	协调问题

四、能力测试与实操练习

假如代理商从销售额中提取 10% 的佣金，管理成本为 10 万元 / 年；公司现有的销售队伍除工资外，还有 6% 的销售提成，销售人员的工资（不含提成）加上管理费用共计 110 万元 / 年，那么请问：

1. 当代理商渠道和自有销售队伍的总成本持平时，对应的销售额是多少？

2. 从成本的角度出发，如果公司业绩目标高于上述销售额，选择哪种销售模式更合适？

3. 因为代理商的佣金比例更高，销售人员将订单转移到代理商，该怎么办？

Q 输入关键词
"销售渠道成本管控"
获取参考答案

本章小结：

1. 设计销售薪酬前，先理解影响销售业绩的因素：素质模型、产品服务、薪酬绩效、岗位设计、销售模式、客户管理。如果没有充分考虑薪酬绩效以外的其他影响因素，单纯地调整薪酬绩效机制，可能无效。

2. 销售岗位可以基于公司的销售流程、客户重要性、销售方式、销售周期等维度设计，但怎么找到合适的人才是企业最应关注的点。需要基于岗位的理解构建素质模型，并通过不断地回顾和验证来优化模型，提高选人的精准度。

3. 销售组织架构可以基于区域、产品、客户、职能等维度设计，组织架构的形态决定了销售岗位的分工及合作，目的是更加高效地促进内部协同，提高客户满意度，实现业务快速增长。

第二章

CHAPTER 2

底层逻辑：
销售薪酬设计原理

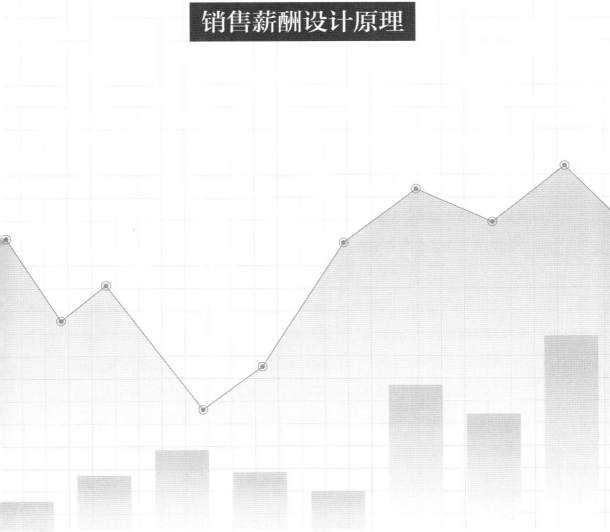

一、销售薪酬设计为什么失败？

（一）五种挑战

销售薪酬作为企业的一种投资，要么高回报，要么亏得一塌糊涂。根据新人事咨询团队多年管理咨询实践，我们发现大部分企业在设计销售薪酬时会遇到很多挑战，以下是比较常见的五种类型：

1. 定薪凭感觉，无起付线。大多数企业会根据候选人学历、过去的经验以及其掌握的客户资源来给新进销售人员定薪。然而问题在于，学历能代表能力吗？过去的经验可以成功迁移到现在的公司吗？什么叫客户资源？难道认识某个企业老板或企业高管就是有资源？看起来好像在认真鉴别销售人员，但是实际上，往往是靠感觉来确定销售人员的薪酬。

正确的做法是将销售人员的薪酬和目标关联起来，承担的责任越大、贡献越大，其收入则越高，反之应更低。此外，不少企业在设计销售人员的激励薪酬（提成或奖金）时并无起付线的要求，哪怕是做了一块钱的业绩，公司也要向销售人员支付对应的激励薪酬。这恐怕不太合理，因为这种销售人员可能连公司支付的基本薪酬（底薪）都没有赚回来。在缺乏起付线的背景下，公司向销售人员支付的激励薪酬越多，公司的亏损就会越多。

2. 只做老业务，拒绝新业务。如果公司开辟新业务，让现有销售人员兼做新老业务时，老员工一般都不愿意做新业务。因为对于销售人员来说，他们对老业务驾轻就熟，能够有稳定的收入；如果要去做新业务，不仅需要花费大量的时间学习，而且新业务面向的客户群体可能发生变化，前期获客难度较大，诸多的不确定性会让销售人员本能地厌恶风险，倾向于做自己熟悉的老业务。如果企业想要推动新业务，且不考虑组建新的销售团队，就必须加大对新业务的激励力度，与老业务拉开差距，同时还要给开展新业务的员工一定的资源支持。

3.老员工躺平，新员工内卷。老员工手握公司大量的优质客户，他不需要怎么努力就能获得较为可观的收入。新员工进来后，没有存量资源，尤其是长周期销售人员，客户开发和积累是一个较为漫长的过程。新员工在没有存量资源支持的情况下，很容易被淘汰，意味着人力资源部要不停地招聘，然后又不停地淘汰，陷入了一个恶性循环。针对这种情况，设计薪酬时就要避免老员工吃老本，同时，公司还需要对新员工实行有限度的保护。

4.激励挂钩不当，公司越卖越亏。很多公司会基于销售额的一个比例来计提销售提成，在公司对产品定价管控不到位的情况下，在面对销售压力时，为了快速成交，销售人员的第一反应就是降价，而降价将极大地损害公司的利益。假设某公司产品的毛利率为20%[①]，销售人员报价降低10%，对于销售或客户来说可能无关痛痒，但对于公司来说，降价10%带来的结果是销售额下降10%，而公司的毛利将下降50%，无法支撑公司持续稳定发展，极可能造成公司陷入亏损的境地。

案例2-1 激励挂钩不当，公司越卖越亏

下表为某公司销售人员提成矩阵表。销售人员有自主定价权，销售人员的提成＝销售业绩 × 基础提成比例 × 奖励系数，当销售人员销售业绩超过目标销售额或者销量超过目标数量时，可以有资格拿到高于 1 的奖励

---

① 目前中国企业产品的毛利率普遍不高。

系数。如果同时在两个指标上达到出色业绩（销售额与销售数量）可以拿到 3 倍的基础提成。提成奖励系数矩阵如下表（表 2-1）：

表 2-1 某公司销售提成奖励系数矩阵

销售额（万）	门槛值				目标值				挑战值
销售数量	10	20	30	40	50	65	75	80	100
门槛值 30	0.00	0.24	0.36	0.48	0.60	0.90	1.20	1.50	1.80
40	0.16	0.40	0.52	0.64	0.76	1.06	1.36	1.66	1.96
50	0.24	0.48	0.60	0.72	0.84	1.14	1.44	1.74	2.04
60	0.32	0.56	0.68	0.80	0.92	1.22	1.52	1.82	2.12
目标值 70	0.40	0.64	0.76	0.88	1.00	1.30	1.60	1.90	2.20
80	0.60	0.84	0.96	1.08	1.20	1.50	1.80	2.10	2.40
90	0.80	1.04	1.16	1.28	1.40	1.70	2.00	2.30	2.60
100	1.00	1.24	1.36	1.48	1.60	1.90	2.20	2.50	2.80
挑战值 120	1.20	1.44	1.56	1.68	1.80	2.10	2.40	2.70	3.00

案例 2-1 中的提成奖励系数矩阵有两个维度，分别是销售人员的销售额和销售数量。每个维度都分别设置了门槛值、目标值、挑战值，前两个数值越接近挑战值，获得的提成奖励系数越高。这个奖励系数矩阵乍一看，没毛病；仔细推敲后，问题很大。如果公司基于销售额和销售数量去激励销售人员，那么销售人员为了保证销售额和销售数量，会疯狂地降

价，导致公司越卖越亏。如果要解决这个问题，我们只需要将其中一个指标与毛利挂起钩来即可。

5. 超额激励设计，目标越定越低。我们曾经服务过的很多客户，早期在设计超额激励时，通常给超过一定档位的业绩设置一个更高的提成比例，这样导致销售人员与公司博弈，将目标越定越低，只有这样，销售人员才有可能获得更高收入。

后面章节将详细介绍如何解决销售薪酬设计中遇到的这些问题。

（二）三大原因

为什么设计销售薪酬会遇到这么多问题？总结出来大概三个原因：

1. 不理解人性。理解人性不是你能看懂行为，而是能看懂行为背后的原因。在我看来，员工的行为背后一定有某种原因驱动，无论你找到或没有找到原因。分享一个我服务客户过程中遇到的小插曲。2015年底，我给一家企业设计销售薪酬制度，这个企业的销售团队有300多人。我们当时给销售人员月度业绩目标分了很多档，比如5万、6万、7万……12万。方案执行过程中我发现300多人的团队，没有一个销售人员的月度业绩会超过9万。这事情让我挺疑惑的，我们定的目标是基于历史数据测算推导出来的，没有理由出现这样的结果。如前所述，员工的行为背后一定有某种原因驱动。针对这个问题，我们调研了公司业绩排名比较靠前的部分销售人员，调研结果让人大吃一惊，销售人员告诉我："马老师，我们其实算过，假如我的业绩超过了9万，我的底薪加上提成扣完税后反而会下降。"听完，我恍然大悟，我们在设计销售薪酬机制时，并未考虑个人所得税临界点的问题，因为当时的个人所得税是按月清算[①]，换句话说，销售人员每个月多扣的个税是不会再被退回来的，所以设计出来的机制并不符合销售人员收入最大化的原则。找到问题的根源后，我们立刻对客户的销售薪酬制度进行了迭代，很快，该公司出现了大量业绩突破9万/月的销售人员。当然，2018年新个税政策推行后，就不会再出现类似的问题了。

2. 不理解业务。深度理解公司的业务模式与价值创造，是成功设计与推行销售薪酬制度的必要条件。以案例2-2（见P41）中的汽车零部件公司为例，该公司销售薪酬制度采用底薪＋提成模式，而提成与量产回款的结果挂钩。请问这个模式有问题吗？看起来好像没有问题，大部分公司销售薪酬不就是底薪＋提成的模式吗？实际上并非如此，因为对于该公司而言，其销售周期非常长，量产回款往往是发生在接触客户的2—3年后。如果按照传统的底薪＋提成模式，没有几家公司能够容忍销售人员2—3年没有业绩产出，销售人员很难"存活"到产生业绩的那天，所以大部分长周期销售公司的销售都是股东担任。与此同时，企业也不大可能给销售人员很高的底薪。如何解决这家汽车零部件公司的销售薪酬难题呢？当我们深入理解业务，发现销售从开始接触到量产回款中间虽然有2—3年的时间，但中间还有一个关键环节是汽车主机厂定点[②]，定点决定了公司2—3年后的量产回款。因此，我们可以把销售人员提成或奖金与取得定点关联起来，从而极大地激发销售人员的积极性与活力。所以，要

[①] 2018年10月以前的个人所得税实行按月征缴，当月应缴个税＝应纳税所得额×税率－速算扣除数。

[②] 在汽车零部件行业中，"定点"通常指一个项目或产品通过一系列的评估、测试和谈判后，被汽车制造商或其他相关客户正式选定为供应项目。

设计符合业务发展需求的销售薪酬制度，必须深入理解公司的业务及其价值创造过程。可能有人说还不知道如何理解业务，怎么办？有一个简单的办法，你可以把你所在公司销售从接触客户到回款的全流程画出来，对流程上每个点的细节及其背后的逻辑了然于心，那么你离深度理解业务也就不远了。

3. 不理解财务。员工薪酬来源于企业效益，企业效益决定员工薪酬，因此，几乎所有企业的薪酬设计最后一定是指向某种财务结果的，这些财务结果往往是以财务术语或指标形式体现出来。然而，大多数企业 HR 的短板是不懂财务，当你是财务的门外汉的时候，你设计出来的薪酬制度一定会出现问题。例如：我们的一家装饰工程的客户，HR 将公司一定比例的年度净利润作为年终奖。次年，公司宣布取得 4000 万净利润的业绩时，老板却不同意支付基于净利润的年终奖，并狠狠批评人力资源部。原因是：该公司的客户主要是房地产公司，而最近几年房地产公司的不景气，导致该公司无法收到装饰工程款，房地产公司就将未售出的房产抵给该公司。也就是说，从这家公司的财务报表上看，公司取得了 4000 万的净利润，但并未产生现金流，根本没有办法向员工支付年终奖。我开玩笑建议这家企业：你们可以将房产作为年终奖奖励给员工呀。但是，员工并不理解有净利润为什么没有现金流，如果不按现行年终奖机制向员工发放相应奖金，会引起员工大量抱怨与不满。所以，我建议 HR 设计薪酬前，务必先掌握财务的基本知识，具备财务分析的基本能力，这样才有可能设计出好的薪酬机制。

二、销售薪酬设计的框架

（一）人性假设：销售激励的出发点

经典管理理论为激励理论提出了四种人性假设，即"经济人""社会人""自我实现人"和"复杂人"，只有深度了解相应的人性假设，结合企业的环境和实际需要，才有可能设计出合理而有效的销售激励机制。

表 2-2 人性假设与激励对策

人性假设	支持理论	代表人物	激励对策（需要来源）
经济人	X 理论	亚里士多德、亚当·斯密、弗雷德里克·泰勒	奖惩型激励（经济利益）
社会人	行为科学理论	乔治·埃尔顿·梅奥	关系型激励（社会需要）
自我实现人	需求层次理论、Y 理论	马斯洛、麦格雷戈	工作型激励（工作意义）
复杂人	超 Y 理论	沙因	权变型激励（复杂需要）

1. 经济人假设：又称"理性经济人假设"，其理论基础是 X 理论，该理论认为人在决策过程中是理性的，追求自身利益最大化。这个假设在很多经济理论中起到了基础性的作用，与该假设相关的代表人物分别有亚里士多德、亚当·斯密和弗雷德里克·泰勒。亚里士多德认为人类的行为是有目的的，并且这些目的通常与个人的幸福和利益相关联。这种观点隐含了人类在追求自身利益时的理性行为，成为经济人假设的早期思想渊源。亚当·斯密提出了"看不见的手"理论，认为每个人在追求自身利益的过程中，仿佛被一只看不见的手引导，从而促进了整个社会的经济繁

荣。这一观点明确地解释了个人在经济活动中是理性的，追求自身利益最大化。弗雷德里克·泰勒的科学管理理论假设工人在工作中是理性的，并会根据自身利益做出最优决策。他通过标准化和科学管理的方法，试图使工人的生产效率和经济效益最大化。在经济人假设的前提下，对员工实施的激励对策通常是"胡萝卜＋大棒"，即奖惩型激励。

2. 社会人假设：该假设认为人们工作的主要动机除了物质需求之外，还有良好的工作氛围以及职场人际关系，非正式组织的社会影响比正式组织的经济诱因对员工的影响力更大。其理论基础源自乔治·埃尔顿·梅奥的行为科学理论及其著名的霍桑实验：美国西部电气公司的老板为了提高旗下霍桑分工厂的生产效率，邀请了以哈佛大学心理专家乔治·埃尔顿·梅奥为首的研究小组进驻研究。他们选定了继电器车间的六名女工作为观察对象，分别改变工作中的照明、工资、休息时间、午餐、环境等多个因素，来观测工人生产效率的变化。霍桑实验研究发现：这些外在因素的改变和工作效率之间没有明显的相关性。相反，通过关注生产过程中员工的感受和访谈，让员工有机会去表达自己的诉求或者意见，让员工感受到被关注且社会需要被满足后，生产效率出现显著提升。如果要调动员工的工作积极性，必须让员工的社会和心理需求得到满足，即关系型激励。

3. 自我实现人假设：自我实现人的理论基础有需求层次理论和 Y 理论。其中需求层次理论认为人类的需要可以划分为五个不同的梯度，按被满足的紧迫程度可以依次列为生理、安全、社会、尊重、自我实现的需要。这些需要彼此存在关联，像金字塔一样层层往上垒，一旦下面一层的需要得到了一定程度的满足，人们会紧接着寻求上一层级需要的满足，而不是停留在某个需要层次上追求其最大化的满足。Y 理论则认为人们具有自我激励的能力，他们不仅愿意工作，而且会寻求并享受工作的满足感。当他们认真投入工作并认为工作有意义时，他们能够自我控制和自我指导，以实现目标。

基于需求层次理论和Y理论的结合及延伸，自我实现人假设认为人一般是勤奋且有责任感的，能够自我管理、自我控制。人具备创造力和想象力，在现代企业条件下，人的能力只得到了部分发挥。在适当条件下，人能将自己的目标和组织的目标统一起来。管理者应把管理的重点从重视人的因素转移至创造良好的工作环境，赋予员工工作的意义，使员工能力得到最好的发挥，即工作型激励。

4. 复杂人假设：复杂人假设的理论基础为超Y理论，该假设认为人的需要是多种多样的，而且这些需要会随着人的发展和生活条件的变化而发生变化；人在同一时间内有各种需要和动机，会发生相互作用，形成错综复杂的动机模式。由于人的不同，同一管理方式下会有不同的反应。没有特定的管理方式对任何组织都适用，要求管理者具备较强的洞察力以及诊断能力，管理方法和技巧必须随时、随地变化，即权变型激励。

为什么设计销售薪酬还要了解人性的假设呢？原因是：虽然销售薪酬的设计是以"经济人假设"作为前提，以结果为导向，但要充分激发销售人员积极性，光有一套科学的销售薪酬激励机制还不够，还需要各级管理者理解"社会人假设""自我实现人假设""复杂人假设"，要求管理者基于人性的假设时刻关注员工的需求及变化，为员工及时提供辅导和支持，帮助员工提升绩效，通过销售过程的管理来保障机制落地并发挥作用。

（二）销售薪酬的基本结构

在了解激励背后的人性假设后，再来看销售薪酬的基本结构。销售薪酬体系包含物质激励和非物质激励，前者分为薪酬和福利两大类，其中薪酬是销售激励设计的核心所在；后者主要指工作本身带来的激励。详见表 2-3。

表 2-3 销售人员的薪酬体系

激励维度	一级分类	二级分类	示例
物质激励	薪酬	基本薪酬	基本工资、岗位工资、职级工资、岗位／技能补贴、绩效工资①等
		激励薪酬	短期激励：绩效工资②、业绩提成、业绩奖金等
			中长期激励：股权、期权、分红等
	福利	法定福利	五险一金、法定节假日等
		自定福利	节假日礼品、商业医疗保险、带薪假期、活动奖励、津贴补贴等
非物质激励	工作体验	工作内容	工作的挑战性、成就感、满意度等以及工作过程带来的成长空间、晋升机会等
		工作环境	工作条件、领导风格、企业文化、同事关系等

1. 薪酬

销售人员薪酬分为基本薪酬和激励薪酬，基本薪酬一般包含基本工资、岗位工资、职级工资、岗位／技能补贴、绩效工资等，实践中可以根据公司管理需要选择其中几项组合；激励薪酬通常包含绩效工资、业绩提成、业绩奖金、股权、期权、分红等，主要与销售人员的个人业绩达成相关。

表 2-3 中绩效工资同时存在于基本薪酬和激励薪酬里，原因是关于绩效工资属于基本薪酬还是激励薪酬，实践中存在诸多争议。有一个简易的判断标准，如果绩效工资与日常工作挂钩，而不直接与目标业绩达成挂钩，则属于基本薪酬范畴；如果绩效工资与目标业绩达成挂钩，则属于激励薪酬范畴。

2. 福利

销售人员的福利分为：国家要求企业必须提供的和企业自主决定的福利。前者一般包含五险（养老、医疗、失业、生育、工伤）一金（公积金）、带薪假期等，后者一般包含补充医疗、年金、节假日礼品、各类津贴补贴及福利假等。一般来说，销售人员的福利制度与企业一般员工的福利制度并无两样，故不属于本书重点讨论的内容。

3. 工作体验

工作体验是指工作本身给员工带来的心理感受，即销售工作的非物质激励，主要包含工作内容和工作环境。工作内容包括工作的挑战性、成就感、满意度等以及工作过程带来的成长空间、晋升机会等，工作环境包括良好的工作条件、友好的领导风格、自己认同的企业文化以及有趣的同事等。

（三）如何评估销售薪酬的激励性？

当了解人性的假设后，可以通过三个维度判断一个公司的销售薪酬是否有激励性，即激励的强度、激励的持续性、激励的导向。见图 2-1。

图 2-1 销售激励的三个维度

1. 激励的强度。所谓强度是指销售薪酬的资金投入能否让销售人员的投入最大化。从我们咨询实践的观察来看，大部分公司的员工能在工作中投入 50% 及以上的精力，已经非常优秀了，绝大部分员工在工作中的投入远低于 50%，从这个角度来看，几乎所有的企业，销售激励的提升空间还很大。因此，销售薪酬设计的第一要务就是考虑激励强度够不够。现实中，非常多的企业既想要激励员工，又想要控制成本，导致激励强度未能突破临界点，常常是钱花了出去，反而让销售人员抱怨不断，激励效果不尽如人意。打个不恰当的比方：你一直用 60℃ 的天然气烧水，水非但不能烧开，反而浪费大量的能量。

那什么是激励强度的临界点呢？假设我们为一家公司设计销售人员的年终奖，规定凡是完成公司年度销售目标的，公司额外向员工支付一笔年终奖，金额为 5 万元，请问该年终奖设计是否有激励性呢？正确的答案是不知道，因为我们既不知道销售人员的全年收入，也没有确定其销售激励的临界点。假定我们把浮动薪酬占总收入的10%作为激励临界点[①]，如果我们知道了销售人员全年收入为 100 万，我们可以计算该公司年终奖占比为 5%，低于 10% 的临界点，因此，该公司销售年终奖设计并无激励性。总结而言，所谓激励强度的临界点是一种标准，要么是行业通行的标准，要么是员工内心接受的一种标准，需要不断沟通与测试才能发现。

2. 激励的持续性。所谓持续就是要让销售人员一直处于亢奋状态。比方说绝大部分公司都会有这样的规定，即销售人员离职后就不再享受任何销售回款的提成或奖金。这种设计会对销售人员有激励性吗？很可惜，

[①]　意味着浮动薪酬只有超过员工总收入 10% 才会对员工有激励性，低于 10% 无激励性，白白浪费人力成本而已。

它不仅没有激励性，反而会促使销售人员以最快的速度将客户资源带到新公司。

相反地，我们在为一家公司设计销售激励时，反其道而行之，设计了这么一条规定：公司对累计业绩超过 1000 万的销售人员实行终身激励政策。当销售人员累计业绩超过 1000 万时，公司人力资源部直接快递一份协议给销售人员签署，协议中约定员工名下客户产生的销售奖励，即使在员工去世后，其合法继承人都可以继续享受。大家想想，这个激励的持续性是不是特别强，强到员工会把公司的业务当成自家的业务拼命干。或者我们也可以规定，如果员工跳槽去了其他公司，如果他继续服务其名下的客户，仍然可以拿到相应的奖金或者提成，员工如果愿意，自然也会把它当成自己的业务。所以，如何实现销售激励的持续性就成为设计的第二件事情。

3. 激励的导向。所谓导向就是销售激励设计要与公司销售策略保持一致。激励的导向是公司销售策略的一体两面，就像指挥棒一样，薪酬激励指向什么方向，销售人员也一定朝着同样的方向冲锋。常见的公司销售策略（激励的导向）可以从下面矩阵（图 2-2）获得启发：

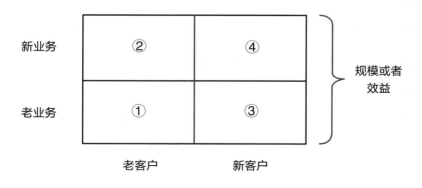

图 2-2 销售策略矩阵

基于成功概率的考虑，对于任何一家企业而言，销售策略通常按①②③④的顺序演进。首先，①是确保老客户老业务的持续稳定发展，这是公司的基本面，也是公司赖以生存与发展的基础；其次，②是基于老客户客情关系，将高毛利的新业务拓展到老客户身上，既可以实现对老客户价值的再次挖掘，又可以在老客户身上形成有效防御体系；再次，③是将老业务的成功经验从老客户拓展到新客户，延长老业务的生命周期，扩大公司行业和市场规模；最后，④本质上是②的重复，因为对于④而言，当有了老业务的应用场景，新客户已变成了老客户。

销售策略的演进还必须考虑取得的成果是什么。通常，我们把销售的成果分为两类：规模或效益。规模通常体现为销售额或市场份额，而效益通常体现为毛利率或贡献利润率。

无论是销售过程抑或销售成果，对应到销售薪酬设计而言，我们都需要制定不同的销售激励策略。

讲完了销售激励性问题，我们用一个企业实际案例来举例，用前述三个维度去拆解，评估该公司的销售薪酬激励性问题。

案例2-2 某汽车零部件公司的销售薪酬激励性评估

某知名汽车零部件公司，主要为燃油车提供零部件服务，汽车行业销售模式通过接触客户，投标竞争获得客户项目定点（接触一个新客户获得定点时间最快也需要半年），一般会在2—3年后实现量产。但近年来受到汽车行业整体订单下滑及新能源车崛起的影响，该企业的经营业绩面临巨大的挑战。该公司销售人员薪酬＝基本工资＋量产奖金，而市场上同类的销售人员年收入范围在20万—50万元不等，其中：

1. 基本工资：5000—10000 元不等，基本工资几乎人人都一样，基本工资调整没有标准。

2. 量产奖金：根据客户实际量产回款金额的一定比例支付销售人员的量产奖金；一般销售人员名下客户的年平均量产回款金额为 3000 万，具体提成标准详见表 2-4。

表 2-4 某汽车零部件公司业绩提成标准

量产周期	提成标准	计算方式
第一、二年	0.1%	（客户完结回款 100%- 税金）
第三年及以后	0.01%	× 对应提成比例

根据案例中的信息，可以得到评估结果如下：

1. 激励的强度不够：即使按照 0.1% 的提成标准，销售人员年度收入 =1 万 × 12+3000 万 × 0.1%=15 万，与市场水平相比，激励的强度不够。

2. 激励的持续性足够：量产开始实施奖励，只要有量产就有提成，激励的持续性可以。

3. 激励导向有问题：对于汽车零部件行业，量产是基于过去的定点产生，与当前销售人员的努力并无直接关系，因为他努力换来的订单要等 2 年甚至更久以后，才会有量产和提成，销售人员没有动力做新增项目定点。

综上所述，该公司的销售激励的持续性足够，但是量产激励方式受到销售人员的诟病，因为前两年量产在爬坡，销售人员的提成并不高；等到第三年起量后，提成比例大规模下降，销售人员拿到手的提成也不多。此外，销售激励的导向存在问题，无法导向公司业绩增长。因此，销售薪酬设计的第一步就是将量产激励转化为新增定点激励，只有激励员工持续不断地新增项目定点，公司未来的量产业绩才可以保持持续增长。

三、销售薪酬设计的步骤

销售薪酬的设计通常可以分三步：

首先，要将销售人员的整体薪酬进行市场对标，根据市场水平及公司薪酬策略，确定不同级别销售人员的薪酬总包。

其次，对销售人员的薪酬总包进行拆分，根据公司销售导向与策略，设计不同的薪酬结构。

最后，确定销售薪酬中基本薪酬和激励薪酬的比例关系，即固浮比管理。

（一）步骤 1：市场对标

销售人员的薪酬受公司市场地位的影响较大。若公司主营业务越靠近竞争性业务，越需要进行市场对标；若公司主营业务越接近垄断性业务，会更倾向于参考公司内部薪酬水平，来确定销售人员的薪酬总包。常见的销售薪酬市场对标如图 2-3。

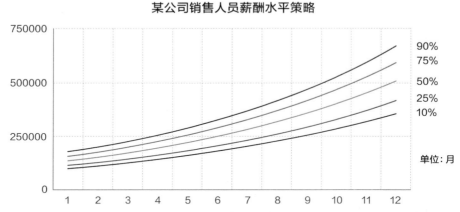

单位：元   单位：分位

某公司销售人员薪酬水平策略

a. 公司核心销售管理人员，往往要求自带客户资源，年度总薪酬对标市场 75%—90% 分位的薪酬水平，但会加大激励性薪酬的占比。

b. 公司骨干销售人员，内部培养及外部挖猎均有一定难度，可以设置相对有竞争力的薪酬水平，故年度总薪酬对标市场 50%—75% 分位的薪酬水平。

c. 公司初级销售人员，因市场供给充足，年度总薪酬对标市场 25%—50% 分位的薪酬水平。

图 2-3 销售薪酬的市场对标

1. 销售薪酬的市场竞争力

薪酬市场对标前，需要做好充足的薪酬调研，收集同行业不同职位销售人员的薪酬福利数据，包含同行产品、销售目标、工作时间、薪酬结构及变化趋势等，形成一份市场销售薪酬现状的分析报告。通过分析对比，了解本公司销售人员的薪酬水平及市场竞争力。衡量公司薪酬水平市场竞争力的常见指标为薪酬比较比率 CR（Comparative Ratio）。

某岗位薪酬 CR=（该岗位实际薪酬 / 该岗位市场平均薪酬）×100%，当 CR 值在 90%—110% 时说明该岗位实际薪酬与市场水平相当，当 CR 值大于 110% 时说明该岗位实际薪酬高于市场水平，当 CR 值小于 90% 时说明该岗位实际薪酬低于市场水平。

如果再具体点，CR 值可用于分析公司内部某岗位与市场上同等岗位在某个具体分位值薪酬水平之间的差异。假设 A 公司内部销售经理岗位薪酬 75% 分位值为 12000 元 / 月，市场同行业销售经理的岗位薪酬 75% 分位值为 15000 元 / 月，则该岗位薪酬 75% 分位值对应的 CR=（12000/15000）×100%=80%，说明该公司销售经理岗位对应的 75% 分位值薪酬远低于市场同岗位的 75% 分位值水平。

2. 选择合适的薪酬策略

基于市场薪酬调研的结果，可以针对公司所处市场地位以及业务发展的不同阶段选择合适的薪酬策略。市场上的薪酬策略主要有以下几类：

（1）领先型：使本公司销售人员的整体薪酬水平定位高于市场平均水平，领先于市场和竞争对手，充分吸引和保留高素质人才。

（2）跟随型：始终跟随市场平均薪酬水平来定位本公司的整体薪酬水平，与竞争对手保持接近的薪酬成本。

（3）滞后型：采用低于市场平均水平的薪酬策略。

（4）混合型：基于不同岗位的重要性程度实施不同的薪酬策略。对于部分高层核心人员实施领先型薪酬策略，对于中层人员可以采用跟随型薪酬策略，对于基层或者市场供给相对过剩的初级岗位可实施滞后型薪酬策略。

选择合适的薪酬策略后，就可以确定公司不同销售岗位对应的薪酬总包标准。

（二）步骤 2：结构拆分

销售薪酬结构通常可拆分为基本薪酬和激励薪酬两个部分。基本薪酬和激励薪酬的内容可以参考表 2-5，不同的付酬理念与薪酬结构发挥着不同的激励作用，具体如下：

表 2-5 付酬理念与薪酬结构对应关系

付酬理念	薪酬分类	薪酬内容	适用对象
为职位付酬	基本薪酬	基本工资	基层销售及销售管理人员
		岗位 / 职级工资	
		绩效工资	
为贡献付酬	激励薪酬①	个人销售提成 / 奖金	基层销售及销售管理人员
		团队销售提成 / 奖金	销售管理人员
为合伙付酬	激励薪酬②	分红	核心销售及销售管理人员
		实股	
		内部创业	

销售人员的基本薪酬与其承担的责任相关联，无论是基层销售还是销售管理人员，薪酬总包里会有一部分与职位相关联，即基本薪酬，剩下的部分作为激励薪酬。激励薪酬进一步可以细分为两类：

一类是基于现在的贡献付酬，比如个人销售提成 / 奖金、团队销售提成 / 奖金。在一些公司的销售薪酬机制中，兼职销售管理者往往可以享受个人销售提成 / 奖金。

一类是基于未来的贡献付酬，即合伙付酬。针对核心销售及销售管理人员设置中长期激励，使其和公司利益进行高度捆绑。①

---

① 销售人员的中长期激励与公司其他人员的中长期激励一般来说并无两样，故不是本书重点讨论的内容。

（三）步骤3：固浮比管理

当拆分出销售薪酬的结构后，需要进一步确定各自的比例，比如基本薪酬占比多少，激励薪酬占比多少。一般来说，除了要考虑同行竞争对手的固浮比外，还需要从以下几个维度去思考比例问题：

表2-6 影响基本薪酬占总报酬比重的因素

影响因素	基本薪酬占销售人员总收入比例	
	低	高
销售人员的个人技能在销售中的重要性	相当重要	不太重要
销售人员所在公司的品牌影响力	品牌不强	品牌很强
销售人员对广告或其他促销活动的依赖	依赖小	依赖大
产品在价格、质量等方面的竞争优势	优势小	优势大
向顾客提供服务的重要性	相当重要	不太重要
公司所处的发展阶段	初创公司	成熟公司

请注意，基本薪酬占比低不代表基本薪酬低，它是一个相对概念，需要站在薪酬总包的层面去思考薪酬结构的分配。

下面逐一对上述影响因素加以阐述：

1. 销售人员的个人技能在销售中的重要性。如果销售过程中需要销售人员具备很强的业务技能，那销售人员之间的技能差异最终需要体现在业绩结果上，公司会通过高比例的激励薪酬驱动他们多劳多得。所以，基本薪酬的占比会较低，而激励薪酬的占比较高。

2. 销售人员所在公司的品牌影响力。如果公司品牌影响力不强，就需要销售人员更加努力与对手去竞争客户资源，销售人员通常要具备很强的业务技能，通过额外的努力去获得订单，故激励薪酬占比较高，基本薪酬占比相对较低。

3. 销售人员对广告或其他促销活动的依赖。如果销售人员对广告的依赖小，说明主要依赖销售人员的业务技能和努力来获得订单，激励薪酬占比较高，基本薪酬占比相对较低。相反地，如果销售人员对广告的依赖大，说明主要依赖公司资源投入获得订单，基本薪酬占比较高，激励薪酬占比相对较低。最常见的例子就是电商公司在各类平台投流，销售人员产生的业绩并不是个人努力获得的真实业绩，很可能是因为公司投流产生的影响，所以我们在设计提成时，需要将产品推广的相关费用考虑进去，越是对广告依赖大的，则提成激励力度就越小，基本薪酬占比相比较高一些。

4. 产品在价格、质量等方面的竞争优势。如果产品在价格、质量等方面没有太大优势，则需要通过销售人员的业务技能和额外努力来获得订单，激励薪酬占比较高，基本薪酬占比相对较低。如果产品在价格、质量等方面有较大优势，产品本身即拥有销售力，可以吸引客户上门，那么销售人员的激励薪酬占比就不能太高，反而应增加销售人员基本薪酬，以确保其工作稳定性，为客户提供良好的服务。

5. 向顾客提供服务的重要性。如果销售人员向顾客提供的服务相当重要，说明这类服务具有一定的技术性或者稀缺性，和销售人员的业务技能和努力程度有关的话，则激励薪酬占比较高，基本薪酬占比相对较低。相反地，销售完成之后不需要太多服务，销售人员的基本薪酬可以设计相对较高，激励薪酬相对较低，从而有效控制销售人员的人力成本。

6. 公司所处的发展阶段。如果公司处于初创阶段，公司需要从市场上招募有相关经验的销售骨干，会提供更富有竞争力的薪酬（总包会高于市场平均水平）来吸引人才，帮公司打开市场、快速抢占份额，公司在现金流有限的情况下会通过高占比的激励薪酬激励他们多劳多得，基本薪酬占比相对较小。相反地，成熟公司往往产品亦成熟，品质稳定，雇主品牌形象也好，对于销售人员平台支持力度也较高，故销售人员的基本薪酬占比可以高些，而激励薪酬占比低一些。

为了方便各位读者朋友相对科学合理地确定薪酬的固浮比，我们给大家提供一个简易测算工具，并通过一个示例来展示如何使用这个工具（表2-7），仅供参考。

某公司是一家硬件设备技术解决方案提供商，拥有一支销售团队，负责推广和销售公司的技术产品。为了确保销售团队的积极性和绩效，公司决定利用"薪酬固浮比测算表"来确定销售人员的浮动薪酬比例。这家公司的销售人员的工作特点如下：

① 主要关注客户收入保留，但是也会考虑新客户获取

② 必须与团队合作才能影响采购决策

③ 销售周期基本上在 3—6 个月，属于中长期

④ 在采购过程中发挥作用，与同行业相比既不复杂也不简单，中等水平

⑤ 产品管理范围很广

⑥ 为顾客提供的绝大部分产品都是标准化的，偶尔有定制化的

⑦ 将相当多的时间用于服务和运营上

⑧ 市场上可供之才相对比较充分

根据初步评估，得出①—⑧维度的评分结果如下：

① 策略：4

② 团队：3

③ 持久性：4

④ 复杂性：5

⑤ 产品线广度：2

⑥ 顾客化：6

⑦ 运营：1

⑧ 供应：5

则薪酬组合的浮动比例 =4+3+4+5+2+6+1+5=30，即销售人员的浮动薪酬占总薪酬比重为 30%。

表 2-7 销售薪酬的固浮比测算表

薪酬固浮比工具									
策略	该角色主要关注客户收入保留			√					该角色主要关注新客户获取
团队	该角色必须与团队合作才能影响采购决策		√						该角色在很大程度上通过个人因素影响采购决策
持久性	该角色遵循长期销售过程		√						该角色遵循短期销售过程
复杂性	该角色在一个复杂的采购过程中发挥作用				√				该角色在一个简单的采购过程中发挥作用
产品线广度	该角色管理范围很广的产品	√							该角色负责单一产品

续表

薪酬固浮比工具										
顾客化	该角色销售一种顾问式或顾客化解决方案					√				该角色销售一种简单的交易型解决方案
运营	该角色将相当多的时间用在服务和运营上	√								该角色将大部分时间用在销售上
供应	该角色的市场可供之才稀少				√					该角色的市场可供之才丰富
按类别合计		1	1	1	2	2	1	0	0	0	
（乘以）单位分值		1	2	3	4	5	6	7	8	9	薪酬组合的浮动比例 =1+2+3+8 +10+6=30
结果		1	2	3	8	10	6	0	0	0	
将以上结果的数值求和得到右侧的浮动比例											

四、业务场景与销售薪酬设计

什么是业务场景？业务场景即业务类型和发展阶段的综合，它会直接影响销售薪酬的设计逻辑。为了方便理解销售业务场景，先来看一个案例。

案例2-3 业务场景不同，销售激励策略不同

某公司所在行业增长率连续3年为20%，该公司过去3年的年度增长率为 25%，销售人员的薪酬为基本工资 + 年度奖金（与年度销售任务的完成关联）。

去年公司实际销售额为 1 亿元，今年公司目标分为保底目标 1.25 亿元和挑战目标 1.5 亿元，对应的激励政策为：

（1）低于 1.25 亿元，员工只能拿基本工资；

（2）在 1.25 亿元到 1.5 亿元之间，按照比例获得提成，初始奖金额度高于去年年度奖金；

（3）超过 1.5 亿元则一次性给予奖励，不再有额外的提成。

问题 1：假设销售人员完成 1.2 亿元销售额，收入低于去年合理吗？

针对问题 1，公司及其所处行业都在快速发展中（环境），公司基于过去的增长率确定了今年的保底目标和挑战目标（目标），但仅凭以上信息去判断公司设定的薪酬激励政策是否合理是远远不够的，需要补充公司具体业务类型，才能准确做出判断。

假如公司主营业务为项目型，如管理咨询公司，每个项目都需要独立拓展，要实现 1.25 亿元收入，销售人员一般情况下要付出超过去年的努力，结果收入反而下降了，存在不合理的地方。但如果主营业务是持续型业务，如电信运营商呢？电信运营商是按照与手机用户或宽带用户签约，按照月收取费用的，逻辑上来看，只要存量客户不流失，资费不变的话，要实现 1.25 亿元收入，销售人员要付出的努力主要在 25% 增长部分，难度远低于项目型销售。因此，今年如果没有达到保底目标不发奖金也合理。

问题 2：销售额超过 1.5 亿元，对销售的奖励封顶合理吗？

同理，对于问题 2，仍然以咨询公司为例，每一个项目都是销售人员逐个去获取的，每一单的交付都和团队的努力直接相关，这个时候就不适合封顶。如果公司的业务是跨境电商，销售收入和销售人员的努力关系大吗？不一定有太大的关系；或者说，即使销售人员付出了努力，但没有大规模的广告投流以及各类互联网平台[①]发展的红利期等因素，单凭销售人员的个人努力，公司不可能实现几何级数的业务增长。所以，销售收入超过 1.5 亿元后，公司对销售的奖励进行封顶是合理的，避免过度激励造成成本浪费。

那么，常见的业务场景有哪些呢？根据业务的成熟度可将其分为三类（表 2-8）：新兴业务、成熟业务、衰退业务。不同业务类型对应不同的场景和销售薪酬算法。

表 2-8 销售薪酬的业务场景

业务类型	适用场景
新兴业务	验证型新业务 VS 增长型新业务
成熟业务	持续型盈利 VS 项目型盈利
衰退业务	减少亏损 VS 扭亏为盈

（一）场景 1：新兴业务

新兴业务类型也分两种，一种是业务才刚开始，处于起步阶段，还没有完全验证并实现快速增长，称为验证型新业务（图 2-4 左图），无法完全根据业绩决定销售人员的薪酬。因此，为了保证销售队伍稳定，该类业务的销售人员的薪酬可以采用基本工资 + 绩效工资模式。另一种是已经到了快速增长的阶段，业绩可能每年翻番，称为增长型新业务（图 2-4 右

---

① 例如短视频平台 TikTok、电商平台亚马逊等。

图），此类公司业务的快速增长，往往是公司营销资源投入、收购兼并以及技术优势等带来的，与销售个人贡献关联度不高。销售人员的激励薪酬如果采用提成方式的话，由于业务快速增长往往超出公司的预期，销售人力成本容易失控，该类业务的销售人员薪酬建议采用基本工资＋奖金模式。

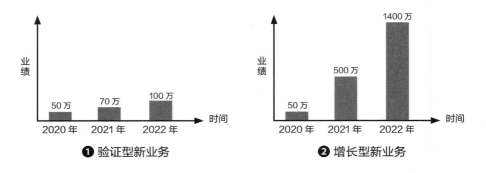

❶ 验证型新业务 ❷ 增长型新业务

图 2-4 新兴业务对应的业绩走势示例

（二）场景 2：成熟业务

成熟业务类型主要有两种场景：

一种是持续型盈利（图 2-5），比如前面提到的电信运营商，只要客户没有退网，电信费是可以一直收下去的。针对该类型业务，通常基于存量、增量、超量来分别设计薪酬奖金包，存量部分按照存量业绩（图 2-5 中 X1）× 奖励系数 1，增量业绩（图 2-5 中 X2）× 奖励系数 2，超量业绩（图 2-5 中 X3）× 奖励系数 3。这三个系数大小关系为：奖励系数 3 ＞奖励系数 2 ＞奖励系数 1。

另一种是项目型盈利，比方销售人员做完了这个项目，会继续做下一个项目，但不一定每个项目都是盈利的，这类业务我们会采用项目业绩 × 奖励系数 4 生成项目奖金包，然后由项目组对项目团队成员实行二次分配；若某个销售人员参与了多个项目，则销售人员的奖金为其参与多个项目的二次分配奖金之和。

需要注意，奖金的基数来源于业绩，业绩除了销售合同额，还可以是毛利、净利润、贡献利润等。此外，上述算法中提到的奖励系数 1—4 是需要经过测算和验证后确定的，后续章节会进一步探讨奖金的算法和模型，此处不赘述。

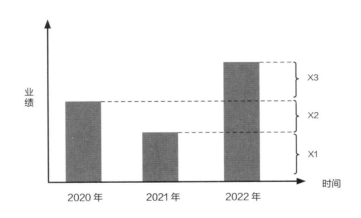

图 2-5 持续型盈利业务的业绩走势示例

（三）场景 3：衰退业务

衰退业务就是该业务在企业的成长空间受限，市场容量饱和甚至下降。对于衰退原因，要分析判断是来自外部，还是来自内部。如果这个业务是受外部因素比如新技术、市场需求调整、国家政策调整等影响，后续不具备可持续性，那就没有设计薪酬激励的必要了；但如果是受内部因素影响，比如团队资源匮乏、人员激励不足等，业务仍然存在市场空间，企业希望实现扭亏为盈（图 2-6），这时对衰退业务设计激励机制才有意义。衰退业务的激励分为两个阶段：减亏和盈利。不同阶段的激励力度有所不同。

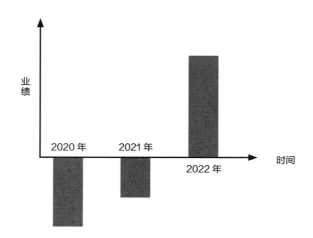

图 2-6 扭亏为盈型业务的业绩走势示例

针对扭亏为盈型业务，如果前期一直亏损，在设计薪酬激励时可以循序渐进：先要考虑减亏，减亏也意味着公司赚钱，可以针对减亏部分设计业绩奖金包。具体的算法如表 2-9，假如去年亏损 1000 万，今年改善指标是减亏 60%，意味着保底目标值是亏损不得超过 400 万。假如今年只亏了 200 万，达到了保底目标，就可以根据净改善的利润额 × 奖励系数 1 设置奖金包。

然后考虑盈利，即今年如果超过盈亏平衡点实现盈利了，那么盈利部分 × 奖励系数 2 设置奖金包，盈利阶段核算的赚钱和减亏阶段核算的赚钱是不同的，前者为真实赚钱，后者是内部核算出来的赚钱。故奖励系数 2 一定要大于奖励系数 1，以激励销售团队向超越盈亏平衡点的方向前进。

表 2-9 扭亏为盈业务的业绩奖金算法

业绩达成情况	业绩奖金包
本年度净利润＜上年度净利润 ×（1-改善比例）	0
上年度净利润 ×（1-改善比例）≤本年度净利润≤ 0	[本年度净利润 - 上年度净利润 ×（1-改善比例）] × 奖励系数 1
本年度净利润＞0	上年度净利润 ×（1-改善比例）× 奖励系数 1+ 本年度净利润 × 奖励系数 2

说明：
（1）上年度净利润实际值为负，本年度净利润实际值为正（或负，但较上年度实现减亏）；
（2）奖励系数 1＜奖励系数 2。

五、能力测试与实操练习

下表为某公司销售经理岗的市场薪酬调查数据：

表 2-10 某公司销售经理岗的市场薪酬调查数据

单位：元 / 月

19000	22000	29000	27000	13000	24000
24000	25000	19000	17000	19000	24000
23000	19000	20000	26000	29000	25000
29000	20000	28000	26000	27000	25000
21000	16000	26000	26000	25000	26000
19000	27000	13000	16000	13000	19000
21000	19000	13000	13000	18000	25000

续表

14000	13000	19000	20000	27000	26000
19000	24000	25000	22000	26000	28000
25000	14000	30000	17000	16000	29000

1. 请分别计算市场薪酬数据对应的 25%、50%、75%、90% 分位值数据。

2. 该岗位在该公司内实际的薪酬范围是 20000—30000 元，平均薪资为 25000 元 / 月，75% 分位值薪酬为 27000 元 / 月，请问该公司销售岗位的平均薪酬 CR1 值、75% 分位值薪酬 CR2 值分别是多少？

Q 输入关键词
"分位值"
获取参考答案

本章小结：

1. 销售薪酬设计常见的五大挑战：定薪凭感觉，无起付线；只做老业务，拒绝新业务；老员工躺平，新员工内卷；激励挂钩不当，公司越卖越亏；超额激励设计，目标越定越低。

2. 销售薪酬的结构设计中，应该重点关注物质层面的薪酬激励设计，判断薪酬激励是否有效，可以从激励的强度、持续性和导向三个维度来综合评估。

3. 销售薪酬设计首先需要做市场对标，选择适合企业的薪酬策略，确保薪酬的外部竞争力；其次是对薪酬结构进行拆分；最后是固浮比的设计，二者确保薪酬激励的有效性。

4. 销售薪酬的具体要素需要结合企业业务场景来设计，其中新兴业务以基本工资＋绩效工资／业绩奖金为主；成熟业务可以基于盈利设计薪酬奖金包或者项目奖金包；衰退业务如属于扭亏为盈，可以按照减亏、盈利两个阶段分别设计业绩奖金包，薪酬结构为基本工资＋绩效工资＋业绩奖金。

第三章

CHAPTER 3

基本工资：
从设计到动态调整

本章提到的销售人员基本工资，有些公司称之为底薪，与前文提到的销售人员基本薪酬 ① 不完全相同，实际上是基本薪酬的组成部分之一。当然，实践中很多公司对基本工资有不同的细分和定义，比如有些公司基本工资包含绩效工资在内，有些公司不含绩效工资。

一、基本工资模型的设计

销售人员基本工资模型主要有四类：爬坡模型、滑梯模型、总包模型、叠加模型。每一种模型适用的场景和公司的业务特性、竞争对手的薪酬模型等有关，即便同一个公司在不同的发展阶段也可能采用不同的模型。

（一）爬坡模型

爬坡模型，是指当销售人员的业绩目标增加时，基本工资也会相应增加，如图 3-1 所示。图中曲线左端 A 点表示保底工资，即销售人员在无业绩产生的情况下应得到的基本工资，其标准不低于劳动合同履行地的最低工资标准；B 点表示当业绩目标达到一定程度后，公司对销售人员的基本工资封顶。

---

① 基本薪酬包含基本工资、岗位工资、职级工资、岗位/技能补贴、绩效工资等。

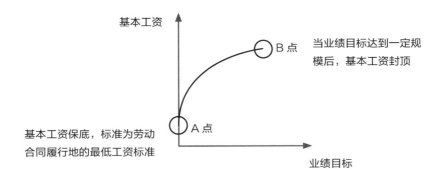

图 3-1 销售人员基本工资的爬坡模式

爬坡模型对应的曲线并不是线性函数，曲线的斜率代表的是业绩对应的基本工资付薪比率（即基本工资／业绩目标），它随着业绩目标的增加而逐渐下降。只有当销售人员的业绩增长速度大于基本工资的增长速度，销售人员的投入回报率才能逐渐提高。

爬坡模型适用于销售人员提成／奖金系数相对固定的场景，采用爬坡模型时，公司需要确定销售人员的职级职等、职级职等对应的业绩目标和基本工资。

为了方便大家理解基本工资的爬坡模型，来看一个案例。

案例3-1 如何设计与目标挂钩的销售薪酬?

一个公司销售人员的职级从低到高共有 5 级，销售人员薪酬＝基本工资＋业绩提成，其中基本工资包含底薪和职级工资，业绩提成采用分段累进计提，如表 3-1。

表 3-1 某公司销售人员薪酬

职级	职位	薪酬激励		
		基本工资（元/月）		业绩提成（分段累进）
		底薪	职级工资	
5	区域副总裁	3000	15000	（1）[0，50万），0； （2）[50万，300万），1%； （3）[300万，1000万），2%； （4）[1000万，2000万），2.5%； （5）[2000万，+∞），3%。
4	资深区域经理	3000	12000	
3	高级区域经理	3000	9000	
2	资深城市经理	3000	7000	
1	高级城市经理	3000	5000	

公司根据销售人员每个季度的总销售业绩、毛利率、回款率、能力通关四个指标的考核结果确定职级调整结果。只有四项指标全部通过才能晋级，如果业绩没有达标就直接降级。各职位晋级考核指标要求如表 3-2 所示。

表 3-2 某公司销售人员晋级考核要求

职级	职位	晋级考核指标				备注
		销售业绩	毛利率	回款率	能力通关	
5	区域副总裁	1200万	≥30%	≥95%	≥90分	（1）通关考核：笔试+面试； （2）季度晋级条件：四项指标全部合格。
4	资深区域经理	800万	≥30%	≥95%	≥80分	
3	高级区域经理	500万	≥30%	≥90%	≥75分	
2	资深城市经理	300万	≥30%	≥90%	≥70分	
1	高级城市经理	100万	≥30%	≥90%	≥70分	

这就是典型的爬坡模型，随着销售人员承担的业绩目标越高，在毛利率、回款率、能力通关考核都合格的情况下，其基本工资也会同步提高。假如一个销售人员季度初职级为 4，职位是资深区域经理，季度内仅达成 400 万业绩，则季度考核后职级会由原来的 4 降为 2，职位为资深城市经理。通过对销售人员职级的动态调整，最终使得每个销售人员都能落到和他能力相匹配的层级。

（二）滑梯模型

滑梯模型，是指随着业绩的增长，销售人员的基本工资开始下降，如图 3-2。图中曲线左端 A 点表示最高基本工资，即销售人员在无业绩产生的情况下能够得到的最高基本工资；B 点表示当业绩目标达到一定程度后，公司能够给到的最低基本工资。

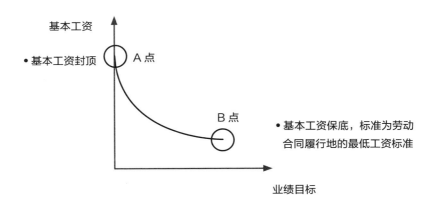

图 3-2 销售人员基本工资的滑梯模型

请注意，无论采用什么样的薪酬模型，必须要遵循多劳多得的原则，销售人员达成的业绩越高，其总薪酬就越高。所以，公司实行滑梯模型必须要配套提成或奖金系数的增长。在滑梯模型中，通常会存在两种模式并行的情形，即"高底薪＋低提成"与"低底薪＋高提成"①。

1. "高底薪＋低提成"模式。这种模式在人才吸引和培养初期比较常见，大多数公司在引进新人后，新人业绩无法在短期内快速突破，需要有一定的基本工资保障个人生活所需，该模式能够保证新人在一定时间内专注于提升个人的技能以及积累客户资源。同时，它的弊端也比较明显，新人人力成本压力大，而且如果单纯用这一套模式而不加以约束的话，容易造成销售人员"躺平"。所以，"高底薪＋低提成"模式可以设置一个有效期，比如试用期或者保护期。

2. "低底薪＋高提成"模式。如果销售人员有一定的资源积累，且可以通过个人的努力有相对稳定且持续的业绩产出，该模式对这类销售人员的激励性很强。如果是新人或者进入一个新的领域开发新客户资源的老销售，这个模式就没有任何的吸引力了。单纯用这一套模式，员工的收入会随着业绩波动出现较大变化，员工安全感较弱，不利于人员的引进和保留。

滑梯模型其实是这两种薪酬模式的组合，采用"高底薪＋低提成"模式吸引外部优秀人才的加入，在一定阶段内实现人才的培养和保留，接着采用"低底薪＋高提成"模式实现人才的激励和筛选。我们来看一个案例。

---

① 实际上，还有一种"中底薪、中提成"的模式，只不过为了简化，我们仅讨论两种极端情形。

案例3-2 销售薪酬如何解决新销售生存难题？

某快消品公司成立 10 余年，公司业绩一直无法突破 1 亿元，从市占率来看该公司仍有巨大的提升空间。公司老销售人员，由于入职多年，积累了大量客户资源，虽然底薪比新销售人员要高，但是提成比例（5.5%）较同行（6.5% 左右）低，导致他们没有动力做更多业绩；而公司新招聘的销售人员，底薪比老销售人员低，且短期内业绩无法实现突破，导致总收入过低（当地为二线城市，同类岗位平均工资为 6000 元 / 月），无法存活，流动性较大。该公司销售人员收入结构如表 3-3 所示：

表 3-3 某快消品公司销售人员的薪酬结构

分类	底薪（元）	提成比例	平均月业绩（元）	平均月收入（元）
老销售	5000	5.5%	150000	13250
新销售	3500	5.5%	20000	4600

根据案例中给的背景信息，我们可以考虑将销售人员的薪酬方案调整为滑梯模型，具体如表 3-4 所示：

表 3-4 某快消品公司销售滑梯式基本工资方案

月销售额（万元）	老销售人员			新销售人员		
	分段提成比例	月基本工资（元）	月收入（元）	分段提成比例	月基本工资（元）	月收入（元）
[0，2)	5.00%	3500	3500	3.00%	5000	5000
[2，5)	5.50%	3500	4500	3.50%	5000	5600

续表

月销售额（万元）	老销售人员			新销售人员		
	分段提成比例	月基本工资（元）	月收入（元）	分段提成比例	月基本工资（元）	月收入（元）
［5，10）	6.00%	3500	6150	4.00%	5000	6650
［10，15）	6.50%	3500	9150	4.50%	5000	8650
［15，25）	7.00%	3500	12400	5.00%	5000	10900
［25，50）	7.50%	3500	19400	5.50%	5000	15900
［50，50+）	8.00%	3500	38150	6.00%	5000	29650

备注：
（1）新销售人员只有半年保护期，保护期结束后统一按照老销售人员标准执行；
（2）无论选择哪一套薪酬标准，当月满勤时最低工资收入不得低于合同履行地最低工资标准。

我们针对不同能力的或者不同资源积累的销售人员提供了一个滑梯模型的薪酬组合，核心逻辑就是同样的业绩，如果销售人员选择"高底薪＋低提成"模式，那么他拿到的收入一定小于"低底薪＋高提成"模式的收入。我们要鼓励老销售人员尽量往更高的业绩去突破。对于公司来说，新销售人员，投入产出比较低，所以公司会限定新销售人员的保护周期，超过半年必须升级，否则就淘汰。这个方案实施后，既解决了新销售人员的底薪低难存活的问题，也解决了老销售人员工作积极性不高的问题。

（三）总包模型

总包模型，是指基于业绩结果（可以是合同回款、利润、毛利等结果指标）乘以一定比例作为销售人员或者事业部的薪酬总包。对于公司来说，销售人员可能基于某些原因，比如组织并购、异地调派等出现同工不同酬或同酬不同工的问题。为了确保薪酬的对内公平，利用薪酬总包模型（图3-3）平衡不同销售人员基本工资的差异，销售人员的提成/奖金＝薪酬总包－基本工资。

提成/奖金＝薪酬总包（业绩×提成/
奖金系数）－基本工资

图3-3 销售人员基本工资的总包模型

通过总包模型，还可以平衡不同地区间的事业部人员基本工资水平差异。比如集团在A、B两个城市设立销售事业部，两地工资水平差异较大，但是站在集团层面，它关注的是事业部的利润贡献，集团根据事业部的利润贡献/目标确定两个城市销售团队的薪酬总包，而事业部招聘多少销售人员以及定多少薪酬可以自行决定。

案例3-3 如何破解销售人员底薪不同的不公平问题？

一家金融公司在全国各地设有销售事业部，不同地方的同级别销售人员的底薪不同，同级别销售人员承担的销售目标又基本上相同，换而言之，二线城市销售人员的基本工资较一线城市低，二线城市时常向集团总部提出统一基本工资的诉求。新年伊始，集团人力资源部采用新的销售薪酬管控模式，即每年基于各事业部上一年度的业绩决定下一年度的预算成本，年底根据各事业部实际业绩统一结算。具体如下：

1. 集团将各事业部年度业绩的 5% 作为预算给到各事业部；

2. 各事业部今年给销售人员的业绩提成比例为 3%（平均水平）；

3. 各事业部根据总成本减去总业绩提成，剩余部分为事业部可支配的成本；

4. 事业部可根据过去本地销售人员的产能配置销售人员、销售支持及销售管理人员的数量；

5. 结合当地市场同业销售人员的薪酬水平，确定事业部的人均基本工资。

各事业部销售人员基本工资如表 3-5。

表 3-5 某公司销售事业部总包式基本工资表

事业部	过去 1 年业绩达成（亿元）	薪酬成本（万元）	总提成（万元）	基本工资（万元）	历史人均年业绩(万元)	销售编制	其他成本	人均月基本工资(元)
A	7	3500	2100	1400	3500	50	……	15000
B	5	2500	1500	1000	5000	25	……	20000
C	2	1000	600	400	5000	10	……	20000

该公司利用总包模型控制各事业部的人力成本，由事业部根据业绩目标及成本预算配置销售人员人数及薪酬。以 A 事业部为例，去年业绩达成 7 亿元，则本年度薪酬可用成本预算 3500 万元，其中销售人员提成 / 奖

金为2100万元（7亿元×3%），剩余1400万元作为固定成本包。A事业部根据去年人均年度业绩预测本年需要配置的销售人员数量，用人均固定成本减去其他成本（职场成本、社保公积金成本、部分人员更替带来的成本损失预估等）后得到每位销售人员的人均月基本工资为15000元。从这个案例可以得出，总包模型还有一个优势，能够精确地预测并控制人力成本。

（四）叠加模型

1. 两种销售管理模式

销售管理者的管理模式有两种（表3-6），一种是专职管理，管理者不需要考核个人业绩，他通过团队管理确保团队整体目标达成，那么他的基本工资就应该和团队业绩目标挂钩；另外一种是兼职管理，销售管理者自己需要承担个人业绩目标，同时还需要管理团队，确保团队达成业绩目标。兼职管理模式下，销售管理者的基本工资是个人业绩目标对应基本工资，加上团队业绩目标对应基本工资。需要注意的是：团队业绩目标中需要剔除销售管理者自己的业绩。

表3-6 销售管理者的基本工资模式

管理模式	主要内容	薪酬策略
专职管理	销售管理者自己不做业绩，主要带领团队完成业绩	工资标准要与其承担团队业绩挂钩
兼职管理	销售管理者自己既要做业绩，还要带领团队完成业绩	工资实际是个人＋团队标准的叠加，即：（1）因为要做个人业绩，所以销售管理者直接套用个人销售工资与奖金规则；（2）因为要承担团队业绩，所以销售管理者要叠加管理人员的工资与奖金规则，但是应剔除个人业绩，防止出现"虚团队，实个人"的现象。

2. 销售管理者薪酬设计重点

销售管理岗位有以下特点：承担管理职责，对所辖团队销售业绩负责，对企业的发展有较大影响；部分销售管理人员不直接销售，通过管控团队成员的销售行为、销售过程实现业绩目标，故团队销售业绩直接反映其工作质量。设计销售管理者的薪酬时，需要遵循以下几点：

首先，销售管理者的薪酬要比销售人员的高。团队整体业绩达成的难度远大于个人业绩达成，因为团队遇到的问题是远远大于个人的，这也是很多销售人员不愿意做管理者的原因。所以，从团队业绩达成的难度来看，销售管理者的薪酬一定要比销售人员的高。

其次，销售管理者的薪酬以促进业务增量为主。对销售管理者的激励导向，一定要鼓励他做增量业绩，而不是基于存量业绩，因为即使销售管理者不负责团队，存量业绩也存在，并未体现销售管理的作用。

最后，销售管理者层级越高越倾向于用奖金制[1]。销售管理序列职位通常有多个层级，比如团队主管、区域经理，再往上还有销售副总裁等。随着销售管理者的职位层级越高，他的浮动薪酬应侧重于奖金制，因为其对业绩的影响并不直接和显著；而越接近销售人员的层级，和团队业绩关联度越强，更适合用提成制。在奖金设计环节，可以考虑将一部分激励奖金与公司长期利益关联，避免销售管理人员过度追求当期利益，忽略公司的长远发展。

---

[1] 本章节所提及的奖金制和提成制属于激励的两种不同机制，简单来说，基于业绩指标完成结果乘以一定比例属于提成制的范畴；基于目标达成获得的奖励属于奖金制的范畴，这里的目标可以是业绩达成、新客户有效注册量、流失率、竞赛排名等指标，关于奖金制与提成制的详细介绍可参看本书第五章。

二、基本工资标准的确定

讲完销售人员基本工资的 4 种模型后，大家可能更想知道如何确定销售人员基本工资的具体数值，我们给大家提供两种常用的方法：职位法和目标法。

（一）职位法

基于职位设计基本工资，假定职位分析和岗位价值评估已完成前提下，先看一个典型的基于职位的销售人员基本工资表（表 3-7）：

表 3-7 某公司外呼销售人员基本工资

职位类别	销售代表				团队主管			
	职级代码	底薪	职级工资	基本工资合计	职级代码	底薪	职级工资	基本工资合计
资深代表/主管	S12	2360	2640	5000	T8	2360	4140	6500
	S11	2360	2440	4800	T7	2360	3640	6000
	S10	2360	2240	4600	T6	2360	3140	5500
高级代表/主管	S9	2360	2040	4400	T5	2360	2640	5000
	S8	2360	1840	4200	T4	2360	2390	4750
	S7	2360	1640	4000	T3	2360	2140	4500
中级代表/主管	S6	2360	1440	3800	T2	2360	1890	4250
	S5	2360	1240	3600	T1	2360	1640	4000
	S4	2360	1040	3400				

续表

职位类别	销售代表				团队主管			
	职级代码	底薪	职级工资	基本工资合计	职级代码	底薪	职级工资	基本工资合计
初级代表	S3	2360	840	3200				
	S2	2360	640	3000				
	S1	2360	440	2800				

表 3-7 中销售人员的基本工资随着职级的升高而增长,并没有和业绩目标一一对应。职位的调整基于职位评估确定分级标准,比如初级代表晋升为中级代表,除了将业绩结果作为其中一个衡量因素,还需要考核客户满意度、续约率等品质类指标;中级销售代表如晋升团队主管,还需要考核其过去半年内合格人力的占比等指标。有些公司还会对不同职位的员工进行能力测评和技能认证,类似任职资格认证。

那如何基于职位设计销售人员的基本工资呢?一般可分为以下五步:

1. 确定职位发展通道

销售人员的职位通道通常分为专业序列和管理序列,如表 3-8 所示:

表 3-8 某公司销售人员的职位发展双通道

职级	职位头衔	
	专业序列	管理序列
5	资深销售代表	副总裁
4	高级销售代表	区域经理
3	中级销售代表	销售总监

续表

职级	职位头衔	
	专业序列	管理序列
2	初级销售代表	
1	销售助理	

销售人员的职位区分标准，主要是岗位任职资格条件及业绩结果。比如专业序列，从助理逐级晋升至资深销售代表，任职资格维度，会统一设定销售人员的学历、工作经验、掌握的相关知识技能及相应的职业能力等，同时会将业绩结果作为职级晋升的门槛条件或者必要附加条件；对于管理序列，除了需要具备专业序列所需的任职资格条件，还需要具备团队管理相关的能力，同理，会将团队建设（比如引荐了多少合格的销售人员、培养了多少合格的销售人员等）、团队业绩结果作为职级晋升的门槛条件或必要附加条件。

2. 市场薪酬调研

划分好职位发展通道后，需要对标市场做薪酬调研。由于各家公司对销售人员的职位划分标准不一样，所以很难用统一的职位去对标市场。这时，需要找一个基准岗位，比如专业序列以高级销售代表作为基准岗位，针对行业内目标企业开展薪酬调研，调研内容可参考表3-9。

表 3-9 销售人员薪酬调查表

企业名称	基本月薪收入	产品提成系数	浮动奖金	业绩目标	考核频次	考核系数	福利	年度奖金	年度总现金

续表

企业名称	基本月薪收入	产品提成系数	浮动奖金	业绩目标	考核频次	考核系数	福利	年度奖金	年度总现金

在调研中获得的数据可能存在各种口径，所以在统计过程中需要将原始数据统一按照表格的维度进行初步处理。然后基于市场数据统计出销售人员在市场上各分位段的薪酬水平，结合公司的薪酬定位，确定基准岗位在公司内部的付薪范围。比如公司希望高级销售代表的薪酬定位在市场75%—90% 分位段的薪酬水平，中级销售代表的薪酬定位在市场 50%—75% 分位段的薪酬水平，初级销售代表及销售助理的薪酬定位在市场25%—50% 分位段的薪酬水平。

3. 确定每个职位薪酬等级的"级"

根据职位发展通道以及薪酬调研结果，我们需要确定每个职级对应的中点值、最大值、最小值、级差、重叠度（如图 3-4）。

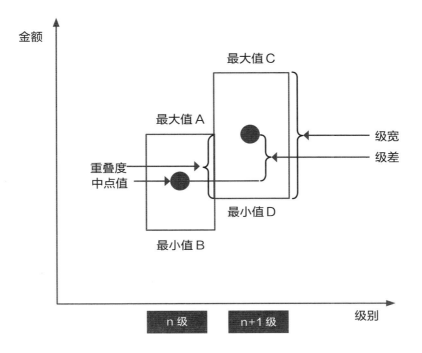

- 横轴：薪酬级别。一般分为宽带和窄带级别体系。
- 纵轴：薪酬金额。常见的是基本月薪，或者年度总现金。

图 3-4 职位薪酬设计相关的计算规则

关于各职级对应的中点值、最大值、最小值、级差等计算规则如下：

（1）最大值、最小值——每一个薪酬级别里面最大和最小的数值。

（2）中点值——处于薪酬级别中间位置的数值。中点值=（最大值+最小值）／2。

（3）级宽——每一个薪酬级别里面，最大值和最小值之间的"距离"。级宽=（最大值／最小值）-1。级宽通常用百分数来表述，设定级宽需要注意：

①薪酬／职位级别越多，每个级别的级宽就越小。如果公司的规模固

定、职位级别很多，每个级别的薪酬宽度就没有必要很宽。

②一般来说，随着薪酬／职位级别的升高，每个层级的级宽也在加大。

③级宽通常指最大值、最小值之间的关系，在实际操作的时候也会采用中点值上下浮动的办法来计算。

（4）级差——相邻两个级别中点值之间的差距。级差的设定，既可以使各个层级之间级差相等，也可以使每个级别之间的级差随着薪酬／职位级别升高变大。很少有随着级别升高，级差变小的情况。其背后的原因是：在职位层级较低的时候，上一级职位和低级别职位之间的薪酬差异小；在职位层级较高的时候，不同层级之间的薪酬差异大。

（5）重叠度——相邻两个级别之间重叠的部分，重叠度计算公式如下：

重叠度＝（最大值 A－最小值 D）／（最大值 A－最小值 B）

重叠度＝（最大值 A－最小值 D）／（最大值 C－最小值 D）

4. 确定每个职位薪酬等级的"等"

当我们确定好职位薪酬等级每一级的薪酬级宽后，我们需要确定每一职级对应的薪"等"。分多少等，取决于公司的需要，大部分公司会选择三到五等。我们以三等为例（图 3-5），说明划分的逻辑。

图 3-5 工资等级之三等划分

任何一个薪酬级别都是由最小值、中点值、最大值构成的。如果从最小值到最大值划分为三个区间，就意味着划分为：下 1/3、中 1/3、上 1/3 三个部分。

为了给实际操作人员提供更多的指导性标准，在制定某个员工工资金额的时候，参照任职者的基本经验、工作业绩、到岗时间等，将其工资匹配到不同的薪酬区间。

第一区：该员工刚刚能够胜任工作。该员工可以是刚刚入职的员工，也可以是刚刚晋升的员工。给予的工资水平，在薪酬级别的左侧 1/3。

第二区：该员工的工作业绩、任职资格等各方面都符合该职位的要求。我们将该员工的工资定位在中 1/3 的薪酬区间。

第三区：如果员工是一个持续的高绩效者，工作业绩经常超过职位的要求，可以考虑将其工资定位在右侧 1/3 的区间。

5. 确定"等"对应的数值

确定职级、薪等后，接下来需要确定职级工资表中具体每级每等的数值。我们具体分为 6 步：

（1）确定职级职等，假如某公司销售人员的薪酬等级设定为 3 级 3 等。

（2）确定销售人员的基准岗位（假设某公司的销售基准岗位为中级销售人员），根据公司实际薪酬水平确定中点值（假定中点值为 6000 元），或者根据销售人员的市场水平来确定中点值（可以选择不同薪酬分位数，假设 75% 分位亦为 6000 元），如表 3-10：

表 3-10 销售人员职级职等工资表

职等	月基本薪酬（元）			级宽
职级	1等	2等	3等	
高级销售				
中级销售		6000		40%
初级销售				

（3）确定不同职级下的销售人员的级宽，假设统一为40%（一般实际情况下，随着职级提高，级宽会变大）；假设级差均为50%。

（4）计算确定各职级销售人员的基本工资标准，如表3-11：

表 3-11 销售人员职级职等数据

职等	月基本薪酬（元）			级宽
职级	1等	2等	3等	
高级销售	7500	9000	10500	
中级销售	5000	6000	7000	40%
初级销售	3333	4000	4667	

其中：最低值 = 中点值 /（1+ 级宽 /2），最高值 = 最低值 ×（1+ 级宽）[1]。

（5）对数值按照百位数取整，形成最终的基本工资表（表3-12）：

---

[1] 这个地方特别容易出错，请读者注意。

表 3-12 销售人员职级职等数据取整

职等	月基本薪酬（元）			级宽
职级	1等	2等	3等	
高级销售	7500	9000	10500	
中级销售	5000	6000	7000	40%
初级销售	3300	4000	4600	

（6）按照公司薪酬结构进行拆分，假设某公司销售人员基本薪酬包括：基本工资、岗位工资、绩效工资。拆分规则为：基本工资 2500 元，绩效工资是基本薪酬标准的 20%，剩余部分为岗位工资。

（二）目标法[①]

职位评价是基于该职位需要具备的知识、技能以及解决问题的能力等要素来进行的，它侧重于职位要素的投入评估，而匹配该职位投入要素的任职者能否产出预期的结果，需要通过绩效管理来实现。基于职位或者能力定薪会出现一个问题，这也是经常遇到的一种情况，比如某个任职者能力特别强，但就是没有业绩。为了避免出现这样的问题，可以采用"以绩定薪"，即销售岗位以承担职责为主，并为业绩结果负责。相比其他岗位，销售人员更适合基于业绩目标来确定基本工资。

如何将销售人员的基本工资与业绩目标关联呢？可以通过 4 步确定销售人员的基本工资：

[①] 三种基本工资制度包括职位／岗位工资制、技能工资制、业绩工资制。目标法即典型的"业绩工资制"。

1. 基准值确定

先确定 3 个基准点[1]，实际就是选择 3 个典型销售人员的薪酬及其对应业绩标准：

（1）年度无风险报酬（0，B0）：无论销售人员是否有业绩，均需要支付的薪酬成本 B0，将其作为第 1 个基准点，我们经常把最低工资作为年度无风险报酬的设计标准。

（2）年度基准业绩目标及成本（A1，B1）：计算公司过去 3 年销售人员年度人均业绩产出以及对应的年度人均薪酬成本，将其作为第 2 个基准点。

（3）年度绩优业绩目标及成本（A2，B2）：计算公司过去 3 年年度人均业绩排名前 20% 的销售人员年度人均业绩产出及对应的年度人均薪酬成本，将其作为第 3 个基准点。

确定年度基准业绩目标和绩优业绩目标及薪酬成本时，除了需要统计公司过去 3 年的历史数据，还可以结合行业内成熟标杆公司的数据进行适当调整。

2. 数学建模

根据以上 3 个基准点（0，B0）、（A1，B1）、（A2，B2），可以利用 Excel 工具自带的数据回归拟合功能构建一个薪酬成本[2]与业绩目标关联的模型，可以选择线性、指数、幂函数等模型。构建模型，除了确定不同业绩目标对应的薪酬成本，还要确保整个薪酬成本占业绩比的走势随着业绩目标增长而逐渐放缓。模型拟合过程中，需要调整模型的参数或者增

---

[1]　若能够收集到更多基准点数据的话，函数拟合的效果会更好。

[2]　薪酬成本具体包含哪些内容，可以根据实际需要来确定具体的口径，通常可以选择年度总现金收入。

加新的基准点去矫正模型的曲线。

3. 数据优化

模型构建好后，需要基于模型选取 7—12 个等间距目标值（需要包含原来的基准目标和绩优目标），确保销售人员职级上下调整的空间足够大。将每个等间距的业绩目标带入模型公式计算得出对应的薪酬成本，并取整。

在选取的 7—12 个等间距目标值的基础上，需要新增一个最低档业绩目标门槛值，用无风险报酬倒推销售人员需要完成多少业绩才能覆盖这部分成本。

4. 结构拆分

基于年度业绩和年度薪酬成本构建模型，并建立了 7—12 个职级业绩目标及薪酬成本后，需要将成本进行结构拆分，按照既定的固浮比切分出基本工资和浮动奖金 / 提成，然后平均分配至每个考核期，形成业绩目标对应的职级工资表。

关于无风险报酬，通常选取销售人员合同履行地的最低工资标准作为薪酬成本门槛值，倒推业绩目标门槛值。换句话说，销售人员如果达不到业绩门槛值，就要降级至最低档。

关于目标法的实操详见案例 3-4。[①]

案例3-4 从0到1如何设计销售薪酬标准？

某制造业公司，总部在一个二线城市，主要为大型机器设备制造商提

供零部件服务，近年来受市场影响，公司经营面临巨大挑战。公司现有的销售人员基本都是从行业公司挖过来的优秀骨干，薪酬 = 基本工资 + 奖金提成。销售人员的基本工资分为 3 档，分别为 8000 元、10000 元、12000 元，无论销售人员业绩如何，销售人员的基本工资基本没有调整过。公司拟调整销售人员的薪酬体系，将原来的 3 档基本工资调整为 9 档。相关信息如下：

（1）无风险报酬成本：该公司销售人员合同履行地的最低工资标准为 1600 元，社保公积金成本 400 元 / 人 / 月，年度无风险报酬成本约 2.4 万元。

（2）年度基准业绩目标及成本（A1，B1）：过去 3 年销售人员年度人均业绩产出以及对应的年度人均薪酬成本分别为 600 万元、15 万元。

（3）年度绩优业绩目标及成本（A2，B2）：过去 3 年年度人均业绩排名前 20% 的销售人员年度人均业绩产出及对应的年度人均薪酬成本分别为 1200 万元、25 万元。

（4）基于（0，2.4）（600，15）（1200，25）构建一个多项式模型 $y=-4 \times 10^{-6}x^2+0.0232x+2.4$，如图 3-6。具体操作如下：

① 在 Excel 中选中（4）中提到的 6 个数据，插入散点图；

② 散点图中点击任意散点，右键添加趋势线；

③ 选中趋势线，右键设置趋势线格式；

④ 选择多项式，分别选中显示公式及显示 R^2[①]。

---

① R^2 是趋势线拟合程度的指标，它反映了趋势线的估计值与对应的实际数据之间的拟合程度。R^2 的数值大小在 0 到 1 之间，越接近 1，拟合程度越好；越接近 0，拟合程度越差。

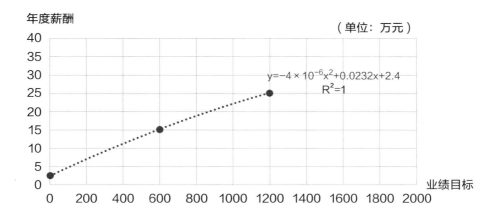

图 3-6 基于三个基准点构建的薪酬模型

（5）模型验证和调整。我们基于第（4）点确定的模型，输入不同的业绩目标得到对应的年度薪酬，计算薪酬成本支付率后观察数据的变化（表 3-13），从测算结果可以得到，随着业绩目标的提高，对应的薪酬成本支付率逐渐下降，初步判断模型是符合我们要求的。

表 3-13 不同业绩目标对应的薪酬成本测算

月度业绩 （万元）	年度业绩 （万元）	年度薪酬 （万元）	年度薪酬取整 （万元）	薪酬支付率
50	600	14.880	14	2.33%
100	1200	24.480	24	2.00%
150	1800	31.200	31	1.72%
200	2400	35.040	35	1.46%

（6）业绩目标选取。基于过去 3 年销售人员年度人均业绩产出 600 万元对应的薪酬支付率（2.33%），推算无风险报酬，即对应的月度业绩门槛值为 10 万元（8.58 万元按十位数取整）。确定业绩门槛值后，再选择 9 个不同的业绩目标并核算对应的薪酬成本，然后取整。如表 3-14：

表 3-14 销售人员的月度业绩目标及薪酬成本

月度业绩（万元）	年度业绩（万元）	年度薪酬（万元）	年度薪酬取整（万元）	薪酬支付率
0	0	2.4	0	0
10	120	5.126	5	4.17%
30	360	10.234	10	2.78%
50	600	14.880	14	2.33%
70	840	19.066	19	2.26%
90	1080	22.790	22	2.04%
120	1440	27.514	27	1.88%
150	1800	31.200	31	1.72%
180	2160	33.850	33	1.53%
210	2520	35.462	35	1.39%

（7）薪酬结构拆分。公司经初步评估后，保持和行业标杆同样的固浮比，从薪酬成本中切分 50% 作为基本工资包，计算月基本工资以及业绩目标，如表 3-15。

表 3-15 销售人员的月度业绩目标及月度基本工资 [①]

职级	月度业绩（万元）	年度基本工资（万元）	月基本工资（元）	月基本工资取整（元）
0	0	—	1600	1600

① 我们将 0 职级的薪酬定位为 1600 元，为当地最低工资标准，这个是出于合规层面的要求，即使员工没有业绩产出也需要支付薪酬。

续表

职级	月度业绩 （万元）	年度基本工资 （万元）	月基本工资 （元）	月基本工资取整（元）
1	10	2.5	2083	2000
2	30	5	4167	4000
3	50	7.5	6250	6000
4	70	9.5	7917	7500
5	90	11	9167	9000
6	120	13.5	11250	11000
7	150	15.5	12917	12500
8	180	16.5	13750	13500
9	210	17.5	14583	14500

三、基本工资的动态调整

销售薪酬方案能否实现多劳多得、能上能下，关键在于是否有动态调整机制。根据过去的实践，我们总结出来三种动态调整机制：定期调整、滚动调整、累计调整。

（一）定期调整

定期调整是指按照固定的周期根据销售人员的业绩达成情况实施薪酬调整，比如可以约定按照月度或季度或半年度等来调整。定期调整适用于发展比较平稳，没有淡旺季之分的业务。如图 3-7，该公司的销售人员基本工资实施季度调整，即当季度的业绩完成情况决定下一个季度每个月的基本工资发放标准。

图 3-7 销售人员基本工资季度调整

定期调整的好处就是操作简单，不足之处在于，如果员工刚入职或者发生岗位调整，没有经历一个完整的周期，要不要参与当期的调整，实践中存在诸多争议。不少公司的做法是，考核期内在职超过考核周期一半时长的，就正常参与考核及调整，否则就不调整。

（二）滚动调整

滚动调整的规则为，每个月根据过去固定几个月的业绩完成情况，动态调整其当月的基本工资。比如某公司按照销售人员过去 3 个月业绩完成情况调整其当月的基本工资（图 3-8），销售人员无论什么时候入职，都可以按照这个规则执行。这个方法操作比较灵活，关键是可以将长周期销售评价转化为短周期的销售评价。但问题在于应当如何确定滚动的周期。

图 3-8 销售人员基本工资按 3 个月滚动调整

确定滚动周期，需要考虑 3 个因素：

首先，要评估销售人员的平均成交周期。比如有些大型设备制造业公司销售周期一般在一年左右，最快也要半年，像这类长周期业务的销售人员，一年中可能大部分时间都没有业绩产出，滚动调整周期不宜太短。

其次，销售人员的客户资源及过去的成交率支撑他出单的最小周期是多久。虽然长周期客户成交时间较长，但是如果客户资源充足，能够保证每个月都至少成交 1 单，那完全可以按月考核和调整。

最后，滚动周期让销售人员能有最多的职级上升机会，最少的职级下降机会，能够确保销售薪酬机制有最大的激励性。

（三）累计调整

累计调整是指根据累计的多个考核周期的业绩达成情况，动态调整下一个周期的基本工资。比如可以根据当年内截至上个月月底或上个季度末的业绩达成情况，动态调整下个月或者下一季度的基本工资。累计调整能够解决销售人员为了追求高收入，虚报超出个人能力范围的高目标问题，通过定期回顾目标完成情况及时调整薪酬，最终实现薪酬水平与能力水平相匹配。

当销售人员的业绩波动普遍较大时，采用累计调整可以抵消个别月份业绩较差对销售人员基本工资造成的大幅波动。以季度累计调整为例（图3-9），销售人员第一季度的业绩完成情况决定第二季度各月的基本工资，前半年的业绩完成情况决定第三季度各月的基本工资，前三季度的业绩完成情况决定第四季度各月的基本工资，全年的业绩完成情况决定次年第一季度各月的基本工资。如果销售人员在某个月业绩较差，然后其他几个月业绩特别突出，这样累计核算时，销售人员的累计业绩完成情况可能不会影响到个人基本工资。

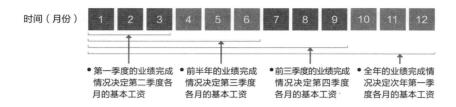

图 3-9 销售人员基本工资按季度累计调整

薪酬设计中的动态调整关注的是销售人员业绩产生的持续性，并没有考虑产品采购成本的波动因素。如果销售人员的业绩完全受产品的成本波动影响，又该如何设计销售薪酬呢？我们曾经服务过这么一家公司，该公司具体情况如下：

案例3-5 产品成本波动巨大，销售薪酬怎么设计？

某公司主营业务为液化石油气和天然气销售，一方面，公司的产品销售价格受制于国家能源政策调控的影响；另一方面，公司的产品采购价格也会受国际市场剧烈波动的影响。公司的销售队伍期望多劳多得，但又担心销售产品成本的波动太大，公司不赚钱，导致个人收入波动比较大。因此，公司的销售队伍一直实行固定工资制度，大部分的销售人员缺乏工作积极性，公司业绩增长乏力。

为了解决这一问题，公司决定启动薪酬制度变革，涉及范围包括销售人员、销售管理人员、采购人员等。

请大家思考，该公司销售薪酬变革的核心挑战是什么呢？是成本的剧烈波动导致公司业绩波动。那我们应该如何着手解决问题呢？实际上，我们可以用前面讲到的动态调整的思路来解决问题。大家再想想什么是波动？所谓波动不就是给数据加上了一个期限吗？如果我们把期限拉到足够长后再平均，波动是不是就变小了？

因此，我们分析了该公司过去的采购、销售及人力成本等数据，分别针对销售人员、销售管理层及采购人员设计了薪酬模型，以3年为周期对销售人员薪酬实施动态调整，以应对产品成本剧烈波动之影响，具体如下：

1. 短期激励

（1）销售人员：我们选取了所有销售人员过去12个季度的平均工资和创造的平均毛利，构建了一个基于毛利的工资模型。如图3-10所示：其中左图为公司层面毛利与工资的函数关系，虚线为45度角的线性关系，代表着毛利与工资是一比一的增长关系；而实线表示实际工资随着毛利的变化，先快速增长，然后趋于平缓，即随着毛利的增长，工资占毛利比会下降。右图是针对员工个体层面，其个人实现的毛利不同，那么对应的工资水平也不同。

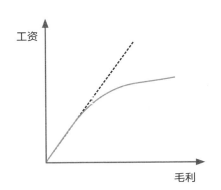

职级	毛利（万元）	工资（元）
1	×××	×××
2	×××	×××
……	×××	×××
n	×××	×××

图 3-10 某公司销售人员基于毛利的工资模型

销售人员当季度的毛利数据出来后，需要与过去11个季度的毛利进行平均，按照职级工资表确定下一个季度的工资S1[①]，S1=基本工资＋绩效工资 × 考核系数，其中考核系数根据销售人员在考核期内的收入、回款、费用 3 个指标达成情况评分确定。

（2）销售管理层：销售管理层自己也要做业绩，同时负责管理，那么按照兼职管理模式，销售管理层自己做业绩部分直接套用销售人员的工资模式；销售管理层的部分工资既要考虑销售团队规模，同时也要考虑销售团队效能，逻辑上销售团队成员的工资越高，销售团队业绩越好，销售管理层的绩效就越高。即销售管理层工资（T）= 个人销售收入（S1）+ 团队规模津贴（S2）+ 团队效能津贴（S3，团队平均收入 × 倍数）。

（3）采购人员：采购价格直接会影响到销售团队的成本，市场价格基本属于透明的，采购人员如果通过自己的努力将价格降下来，比市场价格要便宜，这个时候需要加大奖励的力度；反之，如果价格比市场还贵，就要加大惩罚的力度。采购人员工资 = 基本工资 + 绩效工资 × 考核系数，绩效工资与国际天然气（或石油）市场价格指数挂钩，具体如表 3-16：

表 3-16 采购人员的采购价格与绩效考核系数

加权采购价格[②]	考核系数
＞市场价格	市场价格 / 加权采购价格
＝市场价格	1
＜市场价格	市场价格 / 加权采购价格 +20%

---

① 销售人员的工资按照公司规则进行拆分，拆分成为基本工资、绩效工资两部分。
② 我们采用加权价格原因是采购有批次。举例：某个季度分批按照不同的价格采购不同吨数的石油，则该季度对应的石油加权采购价格 = 采购总成本 / 油量总吨数。

2. 中长期激励

针对销售团队设置中长期激励，以增量作为激励的导向设置年度奖金包。

（1）年度奖金包生成（W）：W= 存量毛利 × 比例 1+ 增量毛利 × 比例 2，其中比例 2 >比例 1。奖金包需要拆分为销售奖金包和采购奖金包。

（2）销售奖金包二次分配：销售个人年度奖金 = 销售年度奖金包 × 销售个人年度毛利贡献 / 销售人员年度总毛利。

（3）采购奖金包二次分配：采购个人年度奖金 = 采购年度奖金包 × 采购个人年度毛利贡献 / 采购人员年度总毛利。

四、能力测试与实操练习

公司 A 兼并了公司 B，两家公司均从事同类销售业务，兼并过程中 A 公司承诺在 3 年内不调整 B 公司员工的工资，但是两家公司的销售团队合并办公后发现，两个团队月人均业绩均为 10 万，A 公司的销售人员底薪（平均 8000 元 / 月）较 B 公司销售人员的底薪（平均 10000 元 / 月）更低，提成系数均为 5%，若降低 B 公司销售的底薪，与兼并时的承诺不符合；不降则会造成内部不公平问题。

请问：你会如何通过薪酬优化设计解决这一问题？

🔍 输入关键词
"被兼并公司提成设计"
获取参考答案

本章小结：

1. 销售人员的基本工资模型："爬坡模型""滑梯模型""总包模型""叠加模型"。无论采用哪种模型，均需要保障销售人员业绩达成越高则收入越高，公司投入产出越高。

2. 对于销售管理者而言，薪酬激励的导向是增量业绩，且职务层级越高，激励薪酬更倾向于采用奖金制；反之职务层级越低，激励薪酬更倾向于采用提成制。

3. 销售人员的基本工资设计可以采用职位法和目标法，前者基于职位要素的投入定薪，后者基于承担的责任和结果产出定薪。

4. 基本工资的动态调整是销售薪酬设计的关键所在，动态调整机制分为"定期调整""滚动调整""累计调整"三种。动态调整可实现员工的薪酬和业绩能力的动态匹配，促进员工"能上能下"。

第四章
CHAPTER 4

绩效工资：
从算法到考核指标

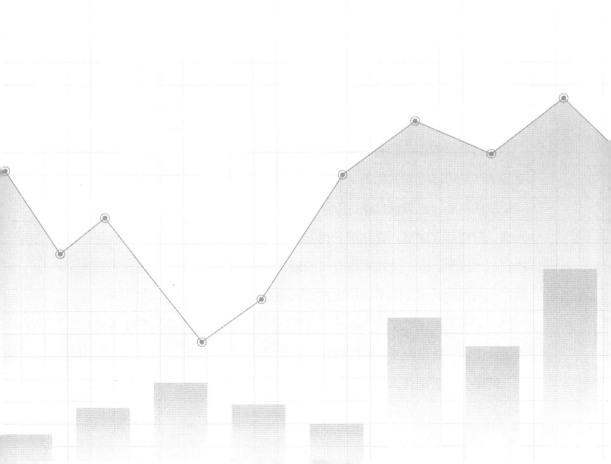

一、绩效工资实践的疑难问题

在销售薪酬设计的过程中，关于绩效工资的设计通常会遇到很多问题。我们挑选几个有代表性的问题和大家一起探讨：

问题1：之前未对销售人员实行过绩效考核，若推行绩效考核，绩效工资来源是从原有的工资总额中拆分一定比例进行考核，还是额外增加成本作为绩效工资？

这个问题本身没有标准答案，它和公司所处的发展阶段以及销售人员现有的工资水平有关。以工资水平为例，如果销售人员原本基本工资较高，从基本工资中拆出一部分和工作过程或者结果进行考核关联，即使推行会有一定阻力但也是相对合理的；但如果销售人员原本基本工资就已经很低，比如明显低于市场平均水平，再拆分就不合适了，这种情况就需要考虑额外增加成本了。

问题2：若采用从原有的工资总额中拆分一定的比例作为绩效工资，那么比例应当如何进行确定？是确定同一个比例还是随着层级的提高而提高？

虽然将绩效工资归类到基本薪酬的范畴，但是它在某种程度上属于可变薪酬，是可以浮动变化的。一般可变部分的薪酬设计逻辑是：首先，从岗位属性来看，越靠近前端，浮动部分占比就应该越大；其次，作为销售人员，职位层级越高，浮动部分也应该越大。因为层级越高的人，对组织的影响也越大。这个逻辑本身没有问题，但是在实际操作时会遇到各种挑战，比如不少公司按照不同职级不同比例拆分出绩效工资后，发现拆分完后的底薪（不含绩效工资的那一部分）出现了职级倒挂现象，活生生将薪酬设计变成了一道难解的数学题（详见案例4-1）。

问题3：若销售人员的薪酬结构中没有绩效工资，公司还能对销售人

员实行绩效考核吗？

有人认为如果销售人员薪酬结构中没有设置绩效工资，比如"底薪 + 提成"模式，除业绩目标以外其他的管理诉求或者公司倡导的行为价值观等，实际管理时没有抓手，因为他只要把订单拿回来，产生回款了就得给他奖金或者提成。

换个角度，没有绩效工资，还能做绩效考核吗？答案是肯定的，仍然可以实施绩效考核，考核结果虽然无法影响绩效工资，但可以直接影响销售人员的奖金或者提成，甚至是基本工资的动态调整。所以，在销售薪酬设计中，即使没有绩效工资，一样可以考核。

问题 4：销售人员目标值是以公司下达的目标为基准的，销售人员却认为公司目标定得太高，无非就是想扣他们的工资，公司应该怎么办？

如果不同能力的销售人员要承担相同的业绩目标，会让销售人员觉得不公平，因为超出部分销售人员的能力范畴的目标，就意味着扣绩效或者奖金，这也是不少公司销售团队缺乏积极性的重要原因。公司的业绩目标不应该直接下达至基层销售人员，而应下达至销售管理者，销售人员的目标应该和他的职级或者基本工资等相匹配。比如一个基本工资 5000 元 / 月的销售和一个基本工资 20000 元 / 月的销售，承担的业绩目标肯定是不一样的。

问题 5：若团队绩效目标未达成，而销售人员个人绩效目标达成的话，销售人员还能获得相应的绩效奖金吗？

很多公司设计薪酬时会这样做，团队或者经营单元能够完成目标，则员工就有相应的奖励；如果团队没有达成目标，员工没有相应的奖励。但是，对于销售人员而言，这种方式行得通吗？比方说虽然团队业绩目标没有达成，但是少部分销售人员非常优秀，其个人业绩完成了，能不给销售人员奖励吗？如果不给，会不会导致业绩优秀的员工也躺平了？因为他个人再怎么努力也没有用。

换个角度来看这个问题，今天这个销售人员在某个团队，他达成了个人业绩，但因为团队业绩没有达成，导致他没有奖金；如果把他换到另一个业绩达成的团队，他可以获得奖金。那可以解读为，销售人员之所以能拿到奖金，并不是他个人努力的结果，而是组织调整的结果。或者说，如果把没有完成业绩的销售人员放入一个业绩达成的团队里面，有可能他照样能够拿到奖金，这实际上是不公平的。面对这种情形，我们建议设计销售人员薪酬激励时实行业绩穿透，奖金的获取既要看团队业绩达成也要看个人业绩达成，否则对于优秀的销售人员来说，如果个人努力不能换来对等的回报，他也就没有动力了。

二、绩效工资到底怎么算？

（一）绩效工资的来源

销售人员的绩效工资按照成本来源可分为三类：

1. 工资拆分：从基本工资中按一定比例拆分出来作为绩效工资，不增加成本。但是执行时会遇到阻力，尤其是原本没有绩效工资且也没有做任何约定，现在要实施薪酬变革，员工会强烈抵触从基本工资中拆分出绩效工资的做法。

2. 额外支付：在原基本工资基础上新增一部分工资作为绩效工资。额外支付，推动销售薪酬的变革相对容易，但可能会面临另外一个挑战，如果薪酬设计得不好，很可能增加了人力成本却并没有推动公司业绩的增长。

3. 工资拆分 + 额外支付：绩效工资一部分源于基本工资拆分，一部分源于公司新增。很多公司在实施薪酬变革的时候，针对老人会采用这种方式来过渡，而对薪酬变革后期入职的新人则会采用工资拆分的形式。

（二）绩效工资的分配模式

销售人员的绩效工资按照分配模式分为两类：

1. 个人绩效工资模式：个人绩效工资模式是指个人绩效考核结果直接影响个人绩效工资，并直接分配至个人。

2. 团队绩效工资模式：根据团队考核结果确定团队绩效工资包，然后基于个人考核结果确定团队绩效工资包分配至个人的金额。一般来说，团队二次分配的激励力度要大于直接分配至个人，因为我们会把团队考核结果与个人考核结果关联，确保个人绩效目标和组织绩效目标的一致性。关联团队绩效考核就相当于在个人考核结果的基础上增加了一道强化，如果团队达成及个人达成都比较好，员工能拿到比个人考核结果更多的绩效工资；相反，如果团队达成和员工达成都比较差，则员工会拿到比个人考核结果更少的绩效工资。

关于绩效工资的拆分问题，来看一个我们管理咨询实践中的案例。

案例4-1 如何从现有工资中拆分出绩效工资？

某服务业公司销售人员的绩效工资采用团队绩效工资模式，即通过团队考核后二次分配至个人，其中销售人员的月工资总额如下表 4-1，那应该如何对销售人员的绩效工资进行拆分？

表 4-1 某公司销售人员薪酬结构拆分框架 ①

职级	职等	月工资总额	岗位工资标准	绩效工资标准	绩效比例
中级销售	12	4700			
	11	4600			
	10	4500			
	9	4400			
初级销售	8	4300			
	7	4200			
	6	4100			
	5	4000			
实习生	4	3850			
	3	3750			
	2	3650			
	1	3550			

表 4-2 某公司销售人员薪酬结构拆分结果

职级	职等	月工资总额	岗位工资标准	绩效工资标准	绩效比例
中级销售	12	4700	3290	1410	30%
	11	4600	3220	1380	
	10	4500	3150	1350	
	9	4400	3080	1320	

① 由于篇幅有限，我们只列出了该公司中级及以下销售人员的月工资总额标准。

续表

职级	职等	月工资总额	岗位工资标准	绩效工资标准	绩效比例
初级销售	8	4300	3440	860	20%
	7	4200	3360	840	
	6	4100	3280	820	
	5	4000	3200	800	
实习生	4	3850	3350	500	15%（含以下）
	3	3750	3250	500	
	2	3650	3150	500	
	1	3550	3050	500	

　　但是，按照前述逻辑拆完后你会发现，职级高的销售绩效工资上升了，岗位工资反而下降了，比如表中实习生 4 等岗位工资为 3350 元，而初级销售 5 等岗位工资却只有 3200 元。出现这个问题的原因是，不同职级销售人员的绩效工资的增幅远大于月工资总额的增幅，当绩效占比从 15% 跳档至 20% 时，绩效工资增长 60%，而月工资总额增长仅 3.9%，所以，这会导致级别高的岗位工资反而下降。此外，公司采用团队绩效工资二次分配，不同职级的销售人员共同分配团队绩效工资，比如实习生绩效工资 500 元，某个中级销售的绩效工资 1320 元。由于不同职级的销售人员承担不同的业绩目标，中级销售拿回 1320 元绩效工资所付出的努力远大于实习生拿回 500 元绩效工资所付出的努力。公司公布销售人员薪酬变革的文件后，顿时在销售团队中引发了轩然大波。

　　这个问题说明，如果我们只是简单机械地按照层级越高，浮动比例越高的逻辑去拆分绩效工资，结果可能适得其反。

（三）销售绩效工资的算法

1. 个人绩效模式

个人绩效模式的核算规则：绩效工资 = 个人绩效基数 × 绩效考核系数。

（1）个人绩效基数来源

主要分为基本工资拆分、额外支付两类，其中：

①基本工资拆分是指在基本工资中按照一定比例拆出一部分，比如月度绩效基数 = 月度基本工资 ×20%；

②额外支付，可以将一定比例基本工资（同第①点）作为额外的奖励，还可以按照职位层级设置定额基数，不一定与其基本工资数额有关，比如总监层级季度绩效 / 奖金基数为 50000 元，经理层级季度绩效 / 奖金基数为 30000 元。

（2）考核系数设置方式

考核系数的确定依据主要来源于绩效评分、绩效评级两类，其中：

①按照绩效评分设置考核系数，如下表 4-3：

表 4-3 某公司销售人员基于绩效评分设置考核系数

方式一		方式二	
绩效评分（T）	考核系数（X）	绩效评分（T）	考核系数（X）
[120，+ ∞ ）	1.5	[120，+ ∞ ）	1.5
[100，120）	1.2	[0，120）	X=T%
[90，100）	1.0		
[80，90）	0.8		
[60，80）	0.6		
[0，60）	0		

方式一是按照评分区间定系数，方式二也是基于评分区间定系数，区别于方式一的地方，是给了评分对应的封顶值后，得分对应的绩效系数就是评分除以 100。

②按照绩效评级设置考核系数，如下表 4-4：

表 4-4 某公司销售人员基于绩效评级设置考核系数

绩效等级（K）	考核系数（X）
S	1.5
A	1.2
B	1.0
C	0.8
D	0.6
E	0

按照绩效评级设置考核系数，比如 A 等级对应考核系数为 1.2。用分数直接对应考核系数与用等级确定考核系数的区别在什么地方？当 KPI 设计并没有那么科学和完整时，分数发生变化就意味着销售人员的绩效工资受到影响，如果转化为等级或者区间，结果相对柔和，对销售人员较为友好；反之，我们希望明确告诉销售人员 KPI 是必须要达成的，这时用分数直接确定考核系数，效果更好。

（3）绩效考核挂钩的方式

确定销售人员的绩效工资来源及评估方式后，需要确定绩效考核的内容。考核内容按照覆盖范围分为组织绩效和个人绩效，其中个人绩效模式下销售人员的绩效指标挂钩的维度有 3 类，如表 4-5。

表4-5 个人绩效模式下销售人员的绩效指标挂钩的维度

指标类型	组织绩效	个人绩效	挂钩说明
类型1	√	×	常用于对组织影响较大的销售管理层，用于日常绩效考核及年终绩效考核
类型2	×	√	用于销售人员的日常绩效考核
类型3	√	√	引导销售人员关注组织目标与个人目标，常用于年终绩效考核

对于组织影响较大的销售管理层，考核指标通常以组织绩效目标为主；而对于普通的销售人员，如果只需要他完成个人目标，考核他个人绩效即可；如果销售人员完成个人业绩需要团队协同，我们会考虑考核个人绩效的同时关联一定权重的组织绩效。

关于绩效匹配到个人的算法，我们结合案例4-2来说明。

案例4-2 某现代服务业公司基于个人绩效模式的销售绩效工资方案

一家大型的现代服务业公司，在全国各地设有分支机构。其中，深圳地区的销售人员月基本工资及月度业绩目标如表4-6。销售人员的月度业绩目标按照月基本工资的倍数确定。比如一个中级销售人员月基本薪资10000元，则他对应的月度业绩目标为180000元（10000×18）。基本工资包含正常工作时间工资、职级工资、绩效工资，其中绩效工资＝基本工资×绩效工资占比，职级工资＝基本工资－正常工作时间工资－绩效工资。

表 4-6 某现代服务业公司销售绩效工资方案

职位	职级	基本工资（元）				月度业绩目标（元）
		月基本工资①	正常工作时间工资②	职级工资③	绩效工资④	
高级销售（主管/经理）	S9	16000—20000	2200	①-②-④	①×50%	①×22
	S8	12000—16000				
中级销售（主管/经理）	S7	10000—12000			①×40%	①×18
	S6	8000—10000				
	S5	6500—8000				
初级销售	S4	5500—6500			①×30%	①×15
	S3	4500—5500				
	S2	3500—4500				
	S1	2200		0	0	

说明：

以上基本工资为深圳地区的标准，区域公司具体应用时，应按照当地工资水平予以调整，调整方式以深圳标准作为基准 × 城市调节系数。城市调节系数 ＝ 某城市社会平均工资 / 深圳社会平均工资；月度绩效工资 ＝ 绩效工资标准 × 月度业绩目标完成率，其中目标完成率≥100% 时，按照 100% 核算；每季度考核时，销售人员季度业绩目标达成率≥100%，则可在季度末一次性补发季度内每月由于业绩目标未达成扣减的绩效工资额度。计算公式为：绩效工资补发差额 ＝3× 绩效工资基数 － 季度内已发放的绩效工资；半年度考核时，销售人员在职时长不足 3 个月时，不参与当次的职级调整。

根据该方案，我们可以得到三个信息：

（1）销售人员薪酬并非具体的档位工资，而是宽带区间。

（2）职级工资与个人业绩目标挂钩，职级越高，则承担的业绩目标越高；同时绩效工资占比也越高。

（3）销售人员绩效工资与个人业绩目标关联；比如销售人员 A，月度基本工资为 6500 元，月度绩效工资标准为 6500×40%=2600 元，销售业绩目标为 6500×18=117000 元。A 在 2021 年 Q1 销售业绩完成情况及绩效工资发放情况如下表 4-7：

表 4-7 销售人员 A 的季度绩效工资发放情况

月份	销售业绩（元）	业绩目标（元）	目标完成率	月绩效工资标准（元）	月绩效工资（元）	Q1 季度补发（元）
1 月	100000	117000	85.47%	2600	2222	—
2 月	50000	117000	42.74%	2600	1111	—
3 月	250000	117000	213.68%	2600	2600	—
Q1 合计	400000	351000	113.96%	7800	5933	1867

2. 团队绩效模式

团队绩效模式的核算规则：绩效工资 = 团队绩效包 × 个人绩效系数。

（1）团队绩效包来源

主要有以下两种：

①团队绩效包 = Σ 团队内个人绩效工资，即团队绩效包为团队所有人员的绩效工资之和。

②团队绩效包 = 业绩 × 团队绩效计提比例，业绩可以根据公司经营方向，选择销售额、毛利额、贡献利润额以及净利润额作为基数。

（2）个人绩效系数设置方式

个人绩效系数主要有个人绩效评分占团队总评分比例、个人考核系数占团队总系数比例两类，其中：

①按照个人绩效评分占团队总评分比例设置个人绩效系数，如下表4-8：

表4-8 某公司销售人员基于个人绩效评分占团队总评分比例设置个人绩效系数

销售部门A	绩效评分（T）	个人绩效系数（X）
张一	100	23%
张二	90	20%
张三	95	22%
张四	80	18%
张五	75	17%
合计	440	100%

②按照个人考核系数占团队总系数比例设置个人绩效系数，如下表4-9：

表4-9 某公司销售人员基于个人考核系数占团队总系数比例设置个人绩效系数

销售部门A	考核系数（S）	个人绩效系数（X）
张一	1.2	26%
张二	1.0	22%
张三	1.0	22%
张四	0.8	17%
张五	0.6	13%
合计	4.6	100%

在团队考核模式下，每个人的考核分数和考核系数是一个相对的参考数值，个体的绩效工资发放结果不仅取决于自己的绩效得分或系数，还取决于团队其他成员的绩效得分或系数。

（3）绩效考核挂钩的方式

团队绩效模式下，影响销售人员绩效工资的因素主要有组织绩效及个人绩效的达成情况。团队绩效模式下销售人员绩效指标挂钩维度主要有两类，具体如下表4-10：

表4-10 团队绩效模式下销售人员的绩效指标挂钩的维度

指标类型	组织绩效	个人绩效	指标挂钩说明
类型1	√	×	组织绩效影响团队绩效包，团队绩效包分配至个人时，可以依据个人职级系数或个人绩效工资占团队总绩效工资比例等执行
类型2	√	√	组织绩效决定团队绩效包，团队绩效包分配至个人时根据团队内个人绩效考核结果执行

①销售人员绩效工资关联组织绩效，即组织绩效影响团队绩效包，团队绩效包分配至个人时，没有关联个人绩效，而是基于个人职级系数或者个人绩效工资占团队总绩效工资比例等执行。

②销售人员绩效工资关联组织绩效及个人绩效，即组织绩效决定团队绩效包，团队绩效包分配至个人时根据团队内个人绩效考核结果执行。

关于团队绩效模式，我们来看案例4-3：

案例4-3 某办公用品公司基于团队绩效模式的销售绩效工资方案

某办公用品公司销售团队绩效考核指标及权重如表4-11，各经营单元可以根据实际情况确定各指标目标值及权重。

表4-11 某办公用品公司销售团队绩效考核指标及权重

考核指标	指标说明	目标值	门槛值	指标权重	备注
A产品业绩达成	实际销售金额/销售目标	100%	80%	15%	
B产品销售增长	综合品增长率1%得1分，0≤KPI得分≤150%	—	零增长	30%—45%	
签约客户数量达成率	实际签约数量/目标签约数量，0≤KPI得分≤120%	按照各经营单元下达的目标值执行	—	0%—25%	特殊区域考核权重可为0
动销单品	签约客户综合品实际平均动销/平均动销增长目标，0≤KPI得分≤120%	按照各经营单元下达的目标值执行	—	20%—30%	
上级主管评分	由上级主管对当期工作进行打分 0≤KPI得分≤200%	—	—	10%	

经营单元绩效池为所有销售人员的绩效工资标准合计，销售人员根据个人绩效考核得分参与分配（表4-12），如销售人员绩效得分低于60分则不参与当期分配。半年度调整一次考核内容，并进行决算。

表 4-12 某销售团队绩效工资分配测算

销售人员	个人绩效得分	个人系数	最终得分	每 1 分对应金额（元）	最终绩效工资（元）
A	80	1	80×1=80		80×100=8000
B	100	1.2	100×1.2=120	30000÷（80+120+100）=100	120×100=12000
C	100	1	100×1=100		100×100=10000

说明：
调整原有人员绩效工资差异，以业务人员现有绩效工资基数除以全员绩效工资基数得出个人系数，体现在考核附件中。

该案例属于团队绩效模式，其中个人分配系数是个人绩效得分及个人绩效工资调节系数的叠加结果。

讲了绩效工资来源、算法以及指标关联的维度，无论是组织绩效还是个人绩效，都需要最终落实到销售人员的绩效指标层面，那如何确定销售人员的考核指标呢？

三、考核指标到底怎么定？

（一）新逻辑：重结果更重过程

对于企业而言，有效设计销售绩效指标的前提是深度理解销售业绩管理的内在逻辑。一般，完整的销售业绩产生的链路包含销售产出、销售过程和销售投入三个环节，其中销售产出是各类组织追求的终极目标，包括了收入、利润和费用等目标；销售过程包括了市场、客户、产品、流程和人效维度的关键性的过程结果，是销售管理实现最终目标的必经路径；销售投入就是销售人员的活动与行为，是销售管理的输入环节。

因此，我们可以基于销售业绩管理的内在逻辑设计销售人员绩效指标，其关系如图 4-1 所示。

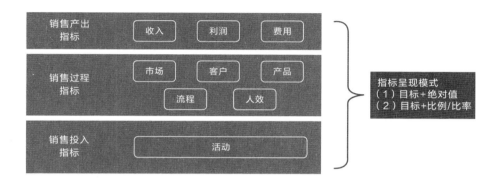

图 4-1 销售绩效指标的内在逻辑

几乎所有销售绩效指标都呈现为两种模式：（1）目标 + 绝对值；（2）目标 + 比例 / 比率。下面给大家提供一些常见销售产出指标（表 4-13）、销售过程指标（表 4-14）、销售投入指标（表 4-15），具体如下：

表 4-13 销售产出指标库

分类	指标作用	常见衡量指标
收入	确保能够获得公司期望的营业收入	销售收入、销售收入完成率、销售收入增长率、单项产品销售收入、单个客户销售收入、新客户销售收入、老客户销售收入、相对于市场潜力的销售收入
利润	确保能够获得公司期望的利润水平	净利润额、净利润率、毛利额、毛利率、产品毛利率、贡献利润额、贡献利润率、投资回报率

续表

分类	指标作用	常见衡量指标
费用	确保公司销售费用能够控制在一定范围内	销售费用与预算之比、销售费用在营收中的占比、销售总费用、人均销售费用、销售费用增长率

表4-14 销售过程指标库

分类	指标作用	常见衡量指标
市场	确保有足够的销售资源与现有和潜在的客户接触	特定市场份额、特定市场收入、相对市场份额（跟竞争对手相比较）、市场渗透率、客户与销售人员比、成交客户覆盖比例、潜在客户覆盖比例
客户	确保销售团队能获取、维护、发展公司所希望的客户	1.基于客户行为：客户采购频率、客户重复购买次数、客户重复购买占比、客户重复购买金额、转介绍客户数、转介绍客户占比 2.基于客户满意：客户满意度、满意客户的比例、客户留存比例、客户流失率、客户活跃比例 3.基于客户贡献：客户钱包份额、现有客户的老业务量、重点客户的收入增长、维护客户的收入增长、客户平均利润率、单个客户利润率、价格实现率、平均折扣水平
产品	确保销售团队去售卖公司所希望的产品	1.基于产品规模：一定规模的订单数量、一定规模的订单成交率、平均订单金额 2.基于产品种类：各类产品营收、各类新产品营收、各类产品新客户数量、各类产品客户渗透率、重点产品营业收入、各产品线营业收入 3.基于产品重点：附加销售率、组合销售率、跨产品线销售比例、每个客户购买某一产品线子产品的数量、每个客户购买特殊产品的数量、每个销售人员特殊产品售卖数量

续表

分类	指标作用	常见衡量指标
流程	确保每一个销售人员在跟客户打交道的每个环节都能有效地发挥能力	各阶段项目推进比例、销售机会实现率、预测成交实现率、每一销售阶段的成交比例、提案成功率、阶段客户转换率、阶段项目数/阶段内销售机会比例、赢单百分比、平均单个客户销售周期
人效	确保销售团队处于高效运作	完成目标的销售人员比例、为公司挣钱的销售人员比例、销售人均销售额、销售人均利润、销售人均毛利、销售人均贡献毛利、销售人均贡献利润、收入/销售人力成本、利润/销售人力成本、毛利/销售人力成本、贡献毛利/销售人力成本、贡献利润/销售人力成本

表 4-15 销售投入指标库

分类	指标作用	常见衡量指标
活动	提升单个客户交互的质量	某个周期的活动①次数、与每个客户的活动数、销售时间占总工作时间之比、客户会议次数、客户约访次数、产品评估次数、培训过的最终客户数

（二）绘制销售考核指标地图

从本质上来看，我们其实无法直接管理销售的产出结果，我们只能管理销售人员投入——销售人员活动或行为，而销售投入也无法直接达成我们所期望的结果，中间还需要有效的过程管理。因此，我们给销售人员设计考核指标，是需要根据销售的产出指标倒推出业绩达成的关键驱动因素；再像剥洋葱一样，从表皮开始由外及内一层一层揭开，找到销售管理能够切入并发挥作用的点；确定关键的销售过程后，再将其拆解为具体的活动指标。

① 常见销售行为：拨打电话、发送邮件、社交媒体互动、会议、演示、发送建议书等。

我们以一个具体的销售业绩指标设计为例，来推导相应的销售过程指标和销售活动指标（图4-2）。公司层面的业绩指标是实现季度新增收入600万元。如何实现这个业绩指标呢？假设我们按照公司历史数据推算出，需要每个季度新增6个客户，客户的客单价为100万元，再结合过去客户的转化率25%推算，销售人员需要每个季度完成24次的客户拜访。

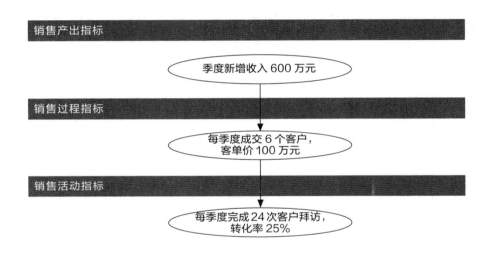

图4-2 销售考核指标推导流程

我们再来看另外一个销售绩效指标推导的例子（图4-3）。公司层面的业绩指标是季度营业收入增长500万元，公司的老产品主要由新增的B端客户和C端客户承接，而新产品是由存量客户承接。假设公司的潜在B端客户100个，转化率为25%，成交客单价为10万元；C端付费用户客单价为5000元。

为了实现该目标，我们需要从三个角度入手，确定销售过程指标：市场层面我们要求潜在B端客户覆盖率实现80%，客户层面我们要求月度新增C端付费用户100人，产品层面我们要求新产品的营收贡献要达到 30%。我们用公式来表示，即季度新增 500 万元 =100/ 个 ×80%×25%×10 万元 / 个 +0.5 万元 / 人 ×100 人 ×3+500 万元 ×30%。

接着从销售过程指标推导销售活动指标，比如要完成潜在 B 端客户 80% 覆盖，至少每月要举办 2 场线下研讨会；要实现月度新增 C 端付费用户 100 人，若转化率为 10%，则每月举办 4 场直播，每场直播 250 人，转化率为 10%；要想新产品的营收贡献达到 30%，则投流费用不超过 125 万元，ROI[①] 控制在 1.2。可以根据层层分解的逻辑，确定销售绩效的活动指标。

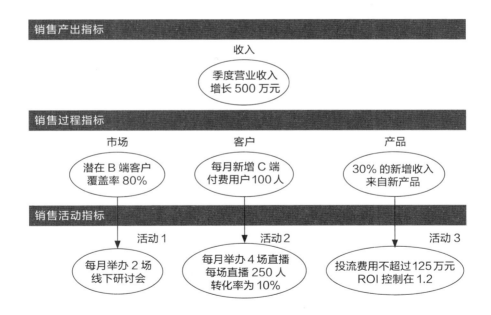

图 4-3 销售人员的活动指标推导流程

———————————

① 即投资回报率。

（三）典型销售岗位考核要点

理解了销售考核指标的设计逻辑之后，还需要明白：对于不同的销售岗位，考核的侧重点不一样。下面列出一些常见的销售岗位及其绩效考核的要点：

1. 普通销售：更倾向于考核增量，如业绩增量、客户增量等。过去考核销售人员的业绩达成，忽略了一些问题，销售人员可能一边开发新客户，一边又不断地丢掉老客户，又或者销售人员为了业绩达成只卖老产品，忽略新产品。想要规避这类问题，在考核业绩的前提下，应增加客户流失率、产品搭配及新客户销售收入等指标的考核。

2. 大客户销售：对于大客户销售，过去仅考核销售业绩，容易造成对大客户的依赖，不利于公司业绩的稳定和持续。针对这类问题，建议将大客户销售人员的其中一部分收入与持续的营收、现有业务的流失和可持续增长相挂钩。例如某公司大客户销售绩效考核指标由三部分组成：50% 与现有收入增长挂钩，35% 和销售计划挂钩，15% 与客户销售规划及行动成果挂钩。

3. 渠道销售：考核销售业绩不利于公司精细化管理和运营，因为渠道销售的业绩不全是销售人员的贡献，具有一定的偶然性和不确定性，并且渠道的售出明细获取相对困难。建议增加渠道分销业绩达标率，并给予达标渠道一定激励，促进渠道资源整合。

4. 长周期销售。这类销售周期非常长，业绩变现周期也长，如果只考核业绩，销售人员大多都无法获得激励。因此，不少公司考核销售人员的考勤、CRM 信息填报是否规范等，但这种考核方式毫无价值，徒增管理成本而已。建议考核长周期销售关键的过程指标。我们曾经在给一家公司的大客户销售人员定考核指标时，提炼出几个关键的管控指标，具体如下：

（1）邀请客户到公司来参观；

（2）邀请双方高层领导见面；

（3）邀请客户来样板工厂参观；

（4）邀请双方技术人员开展技术研讨；

（5）如果客户还有顾虑，可以申请小范围试点。

以上 5 个指标全是关键过程指标，只有达成关键过程指标，才能确保销售人员业绩达成。

5. 销售支持。以商务支持人员为例，如果只关注业绩达成，将导致销售支持仅协助最有可能帮他们实现业绩指标的销售人员，而无法支撑其他销售。建议在考核业绩总量的基础上，增加支持实现销售目标的销售人员的数量考核。

四、能力测试与实操练习

某跨境电商公司下属有多个产品线，其中产品线 A 有团队运营成员 8 人，历史上 6000 万销售额 / 年以下，公司均支付了 12.5 万 / 年的绩效奖金（该绩效奖金实际上是团队成员 8 人绩效奖金基数之和）。产品线 A 业绩快速增长，但产品线 A 团队并没有相应增加人手。产品线 A 团队认为：其团队绩效工资总额应随着销售额增长而相应增长，假设新的一年公司为销售团队设置如下的销售目标：

年度销售目标（万元）	年度绩效奖金基数总额（万元）
5000 ≤销售额＜ 7000	

续表

年度销售目标（万元）	年度绩效奖金基数总额（万元）
7000 ≤销售额＜ 9000	
9000 ≤销售额＜ 11000	
11000 ≤销售额	

1. 请帮助该公司设置不同目标下的年度绩效奖金基数总额。并说明设置逻辑。

2. 若年度绩效奖金分解到季度考核激励，并与季度销售目标挂钩，而季度销售目标是由团队基于年度销售目标分解而来（目标预测难度大），如何避免销售人员故意将前 3 个季度的销售目标设定较低，而将大部分销售目标放在最后一个季度（反正也完成不了），从而获取大部分的绩效奖金？请提供解决问题的思路和算法。

Q 输入关键词
"绩效奖金设计"
获取参考答案

本章小结：

1. 销售人员绩效工资的主要来源：工资拆分、额外支付、工资拆分＋额外支付。需要注意的是，即便没有绩效工资，也一样能考核，进而影响员工的奖金和基本工资。

2. 销售人员的绩效工资分配有两种模式，一种是将个人绩效考核结果直接应用于个人绩效工资发放；另一种是基于团队绩效考核结果先确定团队绩效工资包，然后基于个人考核结果确定团队绩效工资包中个人的分配额。

3. 销售人员的绩效工资算法中需要确定个人的绩效分配系数，个人绩效模式的分配系数基于绩效考核得分或等级系数确定；团队绩效模式下的个人分配系数是基于绩效考核得分占比或者等级对应的系数占比确定。

4. 销售人员的绩效指标可以基于销售业绩管理的内在逻辑来设计，具体可以从销售产出、销售过程、销售投入三个维度来提取指标。不同类型的销售岗位，绩效考核的侧重点不一样。

第五章

CHAPTER 5

提成／奖金设计的 CAVPD 模型（上）

前面四章我们探讨销售人员的基本薪酬设计问题。接下来，我们将用两章的内容，重点讨论销售人员的激励薪酬设计问题。

一般地，从销售薪酬结构占比来看，销售人员收入的绝大部分应该来源于激励薪酬[1]。因此，销售激励薪酬设计就显得尤为重要，设计得好，员工赚得多，公司赚得更多，会带来一个双赢的局面；设计得不好，员工和公司之间至少有一个输家，短期尚能维持，但长期来看，则无法持续。

从我们做人力资源管理咨询的实践来看，大部分企业在设计销售激励薪酬规则时，往往会出现各种各样的漏洞，要么缺胳膊少腿，要么前后矛盾。当这些情况出现得多了之后，我们也开始不断地思考：人力资源管理进入中国已经有三十年历史[2]，为何还会频繁出现类似的问题？是否存在一个销售激励的设计模型，是否有一个思考框架，可以帮助人力资源从业者在设计销售激励薪酬时，避免这种问题的发生呢？

经过新人事团队持续不断的咨询实践，我们总结了一个适用于中国企业销售激励薪酬设计的模型——CAVPD 模型，接下来的两章将围绕CAVPD 模型进行详细讲解。

---

[1] 不是所有的销售人员浮动收入占比较高，受到业务模式、公司偏好等因素的影响，详见本书第二章中的《固浮比管理》部分。

[2] 中国人民大学劳动人事学院于 1993 年设置人力资源管理专业，标志人力资源管理正式进入中国。

一、CAVPD 模型概述

表 5-1 CAVPD 模型

维度	分类	提成制	奖金制
基数（Cardinal）		销售额／毛利／贡献毛利 （一般以回款为前提；含税／不含税）	
算法 （Algorithm）	基础算法	固定／加速／减速／混合比例	阶梯／比率奖金
	关联算法	设障／强化（加减乘除）／矩阵	
边界（Verge）		门槛值（起付线）／封顶值	
支付（Pay）		后续支付／递延支付／收尾支付／追索扣回	
分配（Distribution）		直接分配／二次分配	

下面我们对模型中包含的要素逐一介绍：

（一）提成制还是奖金制？

给销售人员做激励，应该选择提成制还是奖金制？

提成制与奖金制，哪种激励方式更好？

提成制与奖金制有什么区别？

…………

每每出去做分享，都会有不少 HR 询问销售激励方式相关的问题，希望获得一个完美的标准答案，以解决实际工作中遇到的问题。但从我们的实践经验可知，不同行业、不同商业模式、不同销售周期，都会影响销售激励方式的选择。

因此，在选择激励方式前，必须要弄清楚提成制与奖金制的定义和区别。

1. 提成制

提成制是指员工依照自身完成的销售额、回款额、毛利润等业绩，从中获取的**一定比例**的回报。所谓的"一定比例"就是常说的提成系数，用具体公式表达即：提成 = 业绩金额 × 提成系数。

销售提成也可分为个人提成和团队提成等，前者常用于独立作战的销售模式，产品相对标准化，销售难度较低，销售周期也相对较短；后者常用于团队协同作战的销售模式，如销售与研发、销售与采购等，此时会将跨职能的团队纳入提成激励的对象，共同计提一个提成包，再根据贡献进行二次分配。

例如：张某是某化妆品公司的销售人员，公司规定每月销售提成按照回款额的 2% 计提，张某 5 月个人完成回款额 30 万元，那么他获得的提成就是 30 万元 ×2%=6000 元。

2. 奖金制

奖金制指员工达成相应业绩目标后所获得的**一次性**的、**一定额度**的现金，这个现金额度与业绩不一定是呈线性关系，而是一种间接挂钩的关系。如果说提成制是以销售产出作为激励的导向，那么奖金制就是以目标达成作为奖励的依据，奖金既可以关联销售产出类的指标，还可以关联销售过程及销售投入类的指标。对于销售周期较长、业绩不易衡量或者成交金额较大、客户资源来自于公司分配等业务场景，企业会更倾向于采用奖金制。奖金制最大的优点是平衡了销售薪酬成本与销售业绩之间的矛盾，尤其是销售业绩上升主要受公司资源投入或团队协作影响的情况，用提成制就远不如奖金制经济。

例如：张某是某工程设计公司的销售人员，按照公司规定每回款 50 万元，奖励销售人员 3000 元。其中，张某 5 月实际完成回款额 300 万元，那么他当月将获得奖金 3000×（300÷50）=18000 元。

了解了提成制与奖金制的主要区别，HR 可以根据自己公司的业务形态对号入座，选择合适的激励方式。

表 5-2 提成制与奖金制的主要区别

分类	提成制	奖金制
收入组成部分	分享销售成果	目标激励的一部分
业绩达成周期	偏短周期	偏中长周期
销售工作模式	偏个人作战	偏团队作战
客户资源来源	偏销售拓展	偏公司分配
市场竞争态势	偏竞争性	偏垄断性

我们简单做个测试，看看大家是否掌握了两种奖励制度的区别。

案例 5-1 销售激励到底选什么？提成 or 奖金？

下列有五个不同的销售场景，请各位根据前面相关内容，判断一下其激励方式应该选择提成制还是奖金制。

场景 1：A 公司作为一家电信设备制造商，销售人员的客户对象主要是电信运营商，销售周期通常较长，采用铁三角的销售模式。

场景 2：B 公司是一家从事医疗网络信息服务的互联网公司，客户主要是药企，销售周期为 3—6 个月，销售产品主要是广告服务，客单价通

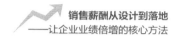
常在百万元级别。

场景3：C公司是一家电源设备制造商，公司主要为大客户提供定制研发工作，销售团队通常要花费近1年的时间才能进入客户的供应链体系。

场景4：D公司是一家医药企业公司，公司主要的销售模式是通过代理商向医院提供药品销售服务，销售人员主要维系的客户是代理商。

场景5：E公司是文具生产商，销售人员主要对区域内的大小商家进行销售与服务，大小商家包括：商超、学校门口的文具店、文具批发市场等。销售人员会被跨区域调动。

参考答案：

场景1：A公司销售主要依赖于团队，并非单个销售人员努力之结果，且销售周期较长，故采用奖金制更好。

场景2：B公司广告销售即使有广告策划等售前支持的帮助，但仍主要依赖个人与客户之间的客情关系，另外，我们通常将销售周期在6个月内视为短周期销售，故采用提成制更好。

场景3：C公司销售业绩的达成主要是依靠研发方案，是典型的依靠团队作战和平台资源支持的结果，而非单个销售人员之功劳，故采用奖金制更好。

场景4：D公司销售人员本质上是渠道销售人员，未直接面对终端客户，对销售业绩的掌控具有不确定性，故采用奖金制更好。

场景5：E公司销售与场景4相似，亦为渠道销售人员，若采用提成制，公司无法对销售人员跨区域调动，会影响销售人员的个人利益，故采用奖金制更好。

（二）模型要素详解

激励包括五个关键要素，HR 也可以基于这五个要素来校验公司目前的销售激励机制是否存在问题。

1. 基数（Cardinal）：提成／奖金到底来源于什么，具体要跟哪个业绩指标挂钩？这个业绩指标就是"基数"。实践中，常用的基数有销售额、毛利、贡献毛利、回款等。同时，还要考虑常常被忽略的税费问题，因税费是公司上交给国家的，公司并未从中获益，如在确定基数时，未将税费剔除，则相当于税费的一部分作为奖励也支付给销售人员。

2. 算法（Algorithm）：指将销售人员创造的价值通过一定的运算关系，转化为销售人员应得的激励薪酬。算法属于整个 CAVPD 模型中最核心的部分。销售业务场景不同，薪酬算法千变万化。为了便于大家理解，我们将算法分为基础算法和关联算法，其中关联算法是基于基础算法的一种叠加，详细内容会在本章第四节讨论。

3. 边界（Verge）：公司对于销售人员价值创造的最低要求，以及获得激励的最高标准，对应的是销售薪酬激励中的"门槛值"和"封顶值"，边界问题是不少公司设计销售薪酬时容易忽略的问题。

4. 支付（Pay）：公司的业务是从现金开始，最后必须要回到现金，这才是商业循环，公司要根据此商业循环的参与和完成情况，来判断销售奖金发不发、发多少的问题。那么，当该商业循环未完成或者部分完成，比如销售人员工作没做完，或者存在造假、损失的风险，那么公司在兑现销售激励薪酬时，必须通过支付管理实施约束。

5. 分配（Distribution）：公司基于销售人员的贡献，将销售激励薪酬分配给对应的销售人员，一般可以分为直接分配和二次分配两种分配方式。

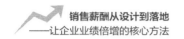

出于篇幅原因，本章将重点分享"基数"和"算法"维度，剩余的"边界""支付"和"分配"维度，将于第六章介绍。

（三）影响模型的关键因素

当市场环境发生变化时，销售薪酬也应该随之进行调整。基于咨询实践，我们发现有以下 8 种常见的因素会影响到销售薪酬。鉴于激励规则设置的权威性，不大可能经常调整提成比例或奖金系数，我们更建议基于影响因素引入可变系数，对提成比例或奖金系数进行调整，具体如下：

1. 产品

公司对不同产品的重视程度是不一样的，可以通过引入产品系数，实现提成比例或奖金系数的调整，以体现公司对产品的重视程度。

示例条款：销售人员提成 =（A 产品月度回款额 ×A 产品的产品系数 +B 产品月度回款额 ×B 产品的产品系数）×5%，产品系数如下：

表 5-3 产品系数

产品分类	A 产品	B 产品
产品系数	1	1.2

2. 区域

对于公司新开拓的地区，可以引入区域系数给予更高的提成比例或奖金系数，激励员工快速占领目标区域市场。

示范条款：销售人员提成 = 月度回款额 ×10%× 区域系数，区域系数如下：

表 5-4 区域系数

地区分类	A 类地区	B 类地区	C 类地区
区域系数	1	1.1	1.2

3. 客户分类

对于战略性客户，可以通过高激励力度的方式激励销售人员。

示范条款：销售人员提成 =（A 类客户月度回款 × A 类客户系数 +B 类客户月度回款 × B 类客户系数）× 1%，客户系数如下：

表 5-5 客户系数

客户分类	A 类客户	B 类客户
客户系数	1	0.8

4. 客户来源

客户来源通常分为三种：第一种是销售人员独立开发的客户；第二种是通过公司资源获取的客户，但还需要销售人员持续跟进的；第三种是公司高层领导开发好且确定合作的客户，销售人员仅需要跟进最后商务部分的工作。从销售人员付出的努力程度来看，第一种>第二种>第三种。因此，在销售激励力度上，也应该遵循第一种>第二种>第三种的规律。

示范条款：大客户经理的月度销售奖金 = Σ 月度有效回款金额 × 业绩核算系数 × 2%。其中，业绩核算系数如下：

表 5-6 业绩核算系数

业务类型	定义	业绩核算系数
A 类	销售人员本人独立开发的 （含从公司公共库获取的客户资源）业务	1.0
B 类	通过公司高层获取的销售线索， 由销售人员跟进并确定合作的	0.5
	由公司分配的老客户再次成单的	
	经过公司市场渠道获得的业务	
C 类	通过公司高层开发并确定合作， 由销售人员跟进签单的业务	0.2

5. 淡旺季

旺季冲量的时候，可以通过时间系数，适当提高提成比例或奖金系数。

示范条款：大客户经理月度提成 = 月度回款 ×10%× 时间系数，时间系数如下：

表 5-7 时间系数

时间	每年 7—8 月和 1—2 月	其他月份
时间系数	1.2	1

6. 资源掌握情况

老销售人员客户资源较多，若提成比例不变，则可能养成惰性，可采取提成比例或奖金系数"逐年下降，最终保底"的策略，以此引导销售人员开拓新客户，设计逻辑参考本章后文提成的基础算法中减速式提成提到的某团餐服务公司的案例。

7. 角色定位

由于销售人员能力水平、擅长领域不同，在营销过程中往往会遇到自己搞不定的客户，此时销售人员会将销售线索汇报给公司或共享给另外一个更有把握成交的销售人员来跟进，此时前者从"销售"转变为"商机提供人"。当新销售人员成交后，其所能获得的提成或奖金将会拆分出一定的比例，专门用于奖励商机提供人，通过价值共享的方式，以避免销售人员抢客户、客户信息保密、不愿分享、互相拆台等问题。

通常来说，商机提供人所能获得的提成比例＜销售转化人员获得的提成比例，该激励机制不局限于销售团队内部，同样可以在全公司范围内实施，全员销售，全员激励。

8. 签约次数

初次签约，可以给予高提成或者开拓奖；后续再签约的，则按照降低的提成或奖金。类似于咨询行业的销售顾问采用的就是按照签约次数进行激励递减的方式。

二、基数（Cardinal）：提成／奖金的来源

（一）常用基数及其适用场景

无论是提成制还是奖金制，都来源于某种业绩达成，这个业绩达成就是激励的核心要素，也就是销售激励基数，常用的激励基数有销售额、毛利、贡献毛利以及回款等，不同的业务场景适用不同的激励基数。

1. 销售额

大多数企业都会选择销售额，简单明了，激励导向特别清晰。使用销售额作为激励基数，往往有以下特点：

（1）公司发展第二曲线，想要在短时间内实现跑马圈地，提高市场占有率时，不以获利为首要选择时，就会选择用销售额作为激励基数。

（2）销售人员对产品价格没有决定权只有执行权，否则，销售人员会为了冲销售额而采取低价销售的策略，这种销售方式对公司是不利的。一般来说，公司会基于毛利率等要求确定产品底价，销售人员在此底价基础上进行销售，如最终成交价格高于公司制定的底价，公司会对超出部分进行额外的激励。

（3）公司对销售费用进行统一管控，在此管理背景下，才能真正导向谁的销售额越大，谁的贡献就越大。如让销售人员拥有销售费用的自主使用权，则可能导致完成同样销售额的销售人员，销售费用差距巨大的尴尬局面，无法真正达到多劳多得目的。

2. 毛利

毛利＝收入－直接成本。直接成本包括采购成本、制造成本等。

从运算法则来看，若公司以毛利作为激励基数，在直接成本一定的情况下，销售人员想要获得更高的提成／奖金，则需要将收入做大，因此可以避免销售人员为了促成销售而压低销售价格的问题。在这种背景下，让销售人员决定产品的价格反而有利于销售。

但同时，由于需要扣减掉直接成本才能得出具体的毛利，这就需要公司将内部的各项成本组成及其计算方式都向销售人员全盘托出，可能存在公司成本数据泄密的风险。因此，公司在决定使用毛利作为激励基数时，需要谨慎再谨慎。

3. 贡献毛利

相比起前面两种基数，贡献毛利相对比较少见，但其实贡献毛利才是真正衡量销售人员对公司贡献的指标，用公式表示即贡献毛利＝毛利－

销售费用＝收入－直接成本－销售费用。销售费用包括销售人员的基本薪酬，以及在销售过程中产生的各项销售费用。

使用贡献毛利作为激励基数，能达到销售人员对收入和费用双向负责的效果，但同时销售人员为了减少费用支出，可能在客情关系维护方面有所保留，原本该花的钱都会相对缩手缩脚。

4．回款

回款即公司实实在在收到的现金，在理想情况下，回款应等于销售额，用销售额或回款作为激励基数，销售人员得到的提成／奖金是一样的。但从商业实践来看，客户在收到产品或享受服务之后，仍可能存在分期付款、质保金等情况，如果直接用销售额作为激励基数，相当于公司预支了一部分提成／奖金给销售人员，如后期存在无法收款或退款等情况，则要考虑预支部分的提成／奖金如何扣回的问题。

需要注意的是，这里所谓的回款，准确定义应该是确认为收入的回款。什么意思呢？不少公司销售产品与服务后收到的回款并非都能确认为收入，例如客户在瑜伽门店预存了 1 年的瑜伽私教服务费，但私教服务并未结束，存在退款的可能性，因此，此类业务的回款不能全部计入销售激励的基数。

案例 5–2 激励基数的最优解：你会如何选择销售人员的激励基数？

请判断下列场景的激励基数选择是否正确：

场景 1：A 公司是一家人力资源服务公司，为客户提供外包和派遣服务，并向客户开具全额发票，公司以销售额作为销售提成的基数，正确吗？

场景 2：B 公司是一家从事医疗网络信息服务的互联网公司，销售毛利率在 70% 以上，公司以销售额作为销售提成的基数，正确吗？

场景 3：C 公司为 B 端企业提供代为采购的服务，即供应商要经过 C 公司向 B 端客户提供服务，公司以毛利作为销售奖金的基数，正确吗？

参考答案如下：

场景 1：错误的。人力资源公司收到的款项中包含了外包和派遣人员的工资、社保公积金等各项费用，公司收到钱后就需要支付给对应的员工，真正的服务费（也可以理解为毛利）只是其中很小的一部分。因此，采用销售额作为激励基数是错误的。

场景 2：正确的。当毛利率比较高时，毛利就无限接近于销售额，此时用销售额作为激励基数是正确的，同时也可以避免销售人员对公司成本产生不信任感，减少公司财务信息泄露的风险。

场景 3：正确的。代采服务类似于场景 1 中的人力资源服务，C 公司收到的回款，其中有一部分是需要支付给供应商的货款，真正属于 C 公司的收入是两笔交易之间的差价，以这个差价作为激励基数是正确的。

（二）协同销售的业绩归属

当有多个销售人员参与集团型客户的业务拓展过程时，常常会遇到业绩归属的问题，也就是不同销售的激励基数如何划分的问题。对于企业而言，合理分配业绩归属，有助于确保激励机制的公平性和有效性。

为了方便读者理解，我们用具体的集团型客户销售场景来详细说明。假设甲方（某集团）总部位于北京，全国以省为单位设置分支机构，当乙方（某办公用品公司）销售人员计划开发甲方，其中销售 A 负责甲方总部的销售工作，销售 B 负责甲方分支机构销售工作，可能会存在以下三种常见的销售场景：

场景 1——集中采购模式：甲方集团总部实行集中采购和签约方式，为总部以及分支机构提供各类采购与配送服务。若销售 A 搞定甲方总部签订事宜，那么销售业绩应 100% 归属于销售 A，与销售 B 无关；有的企业考虑销售 B 要在分支机构所在地做好支撑配合工作，也会划分 10% 左右的业绩给到销售 B。

场景 2——分散采购模式 1：甲方集团总部实行统谈分签模式，即甲方总部与乙方销售 A 谈定条件成为供应商后，甲方各地分支机构均按照集团统一条件签订采购协议，但是各地分支机构的签约与采购由销售 B 负责。从价值创造来看，若无销售 A 接入集团供应商，销售 B 再优秀也无法成为分支机构的供应商。建议销售 A 和销售 B 的业绩归属比可以为 6:4 或 55:45 等。

场景 3——分散采购模式 2：甲方集团总部和分支机构均单独谈判和签订协议，销售 A 负责甲方总部供应商接入工作，而销售 B 负责分支机构供应商接入工作，从这个角度来看，甲方总部与分支机构是独立的客户，销售 A 和销售 B 不存在业绩归属问题。

此外，实践中有的企业会采用业绩双算的方式，两边均核算销售 A 和销售 B 的业绩。但这种方式会增加业绩核算的难度与复杂程度，同时由于销售业绩的基数增大，会导致销售人员激励系数偏低，降低销售薪酬对销售人员的吸引力。

（三）组合产品的基数确定

单一产品销售背景下，激励基数的确定相对来说并非一件困难的事情，卖多少就能核定多少。但在组合产品销售的情况下，如何对销售额进行划分却不是一件容易的事情[1]。如：产品A单独销售可以卖100元，产品B单独销售可以卖80元，但两者组合销售时，最终成交价格是120元，由于不同产品的激励力度不同，这时需要如何划分产品A、B最终的销售额，才能计算出销售人员的提成/奖金呢？

一般来说，组合产品销售基数的划分依据有成本、价格、盈利贡献三种类型，各有优劣势，我们通过一个案例来说明：

案例5-3 组合产品销售时，单品销售额怎么算？

已知某公司甲、乙两款产品的成本价及对外的销售价如表5-8所示，现公司为了快速打开市场，将甲、乙两个产品组合销售，面对不同的客户，公司采用了不同的销售策略，例如：普通客户成交金额为400元/组（盈利），战略客户成交金额为300元/组（亏本）。

表5-8 甲、乙产品的成本价及标准售价

产品	成本（A,元/个）	销售价（B,元/个）	销售额（C，元/组）	
			盈利（销售额＞成本）	亏本（销售额＜成本）
甲	200	250	400	300
乙	150	180		
总计	350	430	400	300

请问：销售人员应该如何对销售额进行划分？

---

[1] 大多数情况下，公司以产品为单位确定销售提成或奖金。

1. 以成本作为划分依据：按照每个产品的成本在组合总成本的占比来划分销售额，那么当盈利时，甲产品销售额 =200/350×400=228.57；当亏本时，甲产品销售额 =200/350×300=171.43；以此类推，可得出表5-9 的结论：

表 5-9 以成本作为划分依据时的产品销售额

产品	成本（A,元／个）	销售价（B,元／个）	销售额（C，元／组）	
			盈利（销售额＞成本）	亏本（销售额＜成本）
甲	200	250	228.57	171.43
乙	150	180	171.43	128.57
总计	350	430	400	300

以成本作为组合产品销售额的划分依据，通常是财务的主要做法，其内在逻辑是在盈利的情况下，大家要共同享受盈利；而在亏损的情况下，则共同承担亏损。

这样看上去合乎情理，但这种划分原则的潜台词是"尽可能把成本做大"，成本越大，占比越大，在划分销售额时越容易占到优势地位，这看似公平，实际却不符合经营导向。

2. 以价格作为划分依据：按照每个产品的销售价格在组合总售价的占比来瓜分销售额，那么当盈利时，甲产品销售额 =250/430×400=232.56；当亏本时，甲产品销售额 =250/430×300=174.42；以此类推，可得出表5-10 的结论：

表 5-10 以价格作为划分依据时的产品销售额

产品	成本 （A,元/个）	销售价 （B,元/个）	销售额（C，元/组）	
			盈利 （销售额＞成本）	亏本 （销售额＜成本）
甲	200	250	232.56	174.42
乙	150	180	167.44	125.58
总计	350	430	400	300

这种划分方式隐藏的逻辑也是尽可能把销售价格提高，以提高自己在组合中的占比，背离了设计组合销售的初衷，对公司而言并非有利之举。

3. 以盈利贡献作为划分依据：即根据不同产品的盈利贡献占比来进行划分，算法上有些复杂，我们需要分两种情况来讨论：

第一，当组合销售盈利时，不同产品的盈利贡献相对容易计算，我们用不同产品毛利占比来计算盈利贡献，具体是：甲产品毛利 =250-200=50，乙产品毛利 =180-150=30，组合销售毛利 =400-350=50，那么甲产品在组合销售中的毛利贡献 =50/(50+30)×50=31.25，乙产品在组合销售中的毛利贡献 =30/(50+30)×50=18.75，因此组合销售中甲乙产品销售额划分为：甲 =200+31.25=231.25；乙 =150+18.75=168.75。

第二，当组合销售亏本时，由于整体上是亏本的，无法用毛利占比方式进行计算，而且可能出现负数，因此，我们采用产品单位盈利能力占比来衡量，甲产品单位盈利能力 =250/200=1.25，相当于销售甲产品可以实现增值 25%；乙产品单位盈利能力 =180/150=1.20，相当于销售乙产品可以实现增值 20%，那么：

甲产品销售额 =300×1.25/（1.25+1.20）=153.06

乙产品销售额 =300×1.20/（1.25+1.20）=146.94

表 5-11 以盈利贡献作为划分依据时的产品销售额

产品	成本 （A，元／个）	销售价 （B，元／个）	销售额（C，元／组）	
			盈利 （销售额＞成本）	亏本 （销售额＜成本）
甲	200	250	231.25	153.06
乙	150	180	168.75	146.94
总计	350	430	400	300

三、算法（Algorithm）：提成制

算法分为基础算法和关联算法，基础算法是企业实践中常用的算法，应用也相对比较简单；关联算法则是一种加强版的算法，在更复杂的商业场景下会使用，是基础算法的升级版。

鉴于提成制和奖金制的算法还有所不同，我们将分别介绍提成的算法与奖金的算法，这里先介绍提成的算法。

为了确保读者朋友能够正确理解和应用与提成相关的算法规则，我们在此特别说明：本章节中提到的所有提成和奖金的设计与计算均不包含基本薪酬的部分，具体涉及的算法和案例分析也仅针对浮动奖金部分。请读者在阅读和参考相关章节时注意这一口径，以避免产生误解。

（一）提成的基础算法

1. 固定式提成

固定式提成是最常规的算法，即提成按激励基数的固定比例或固定额度进行计算，不会受到业绩完成率的影响。要注意的是，所谓的固定，不能机械地理解为公司不同的产品都必须按相同的比例或额度去进行激励，而是在当前特定条件下的最佳设计，当产品或区域等因素变化时，提成比例或额度也应该随之发生变化。

例如：销售人员甲 7 月的回款额为 100 万元，提成比例为 1%，则其提成 =100×1%=1 万元。

例 1：提成比例与产品关联

表 5-12 提成比例与产品关联示例

产品	产品 A	产品 B	产品 C
提成比例	4%	6%	8%

例 2：提成比例与产品关联

表 5-13 提成比例与产品关联示例

销售项目	提成	核算基准
A 型汽车	500 元 / 台	按照销售台数计算
B 型汽车	1000 元 / 台	
汽车保险	30%	保险额度的百分比
汽车美容装饰	20%	成交利润的百分比

例 3：提成比例与区域关联

表 5-14 提成比例与区域关联示例

区域划分	提成比例	与上年相比	原因
西南地区	0.3%	不变	市场和行业平均水平
东南地区	0.3%	不变	
中部地区	0.6%	不变	
东北地区	0.8%	不变	
京津地区	1.2%	增加 1 倍	战略突破重点区域，吸引优秀销售人才

2. 加速式提成

加速式提成是指按照激励基数的递增比例进行提成计算，但递增比例会与销售人员业绩完成率、业绩完成额、项目利润率、淡旺季、考核等级等因素关联。

例 1：提成比例与业绩完成率关联

表 5-15 提成比例与业绩完成率关联示例

业绩完成率	提成比例		
	产品 A	产品 B	产品 C
（0，100%）	4%	6%	8%
[100%，+∞)	5%	9%	12%

例 2：提成比例与业绩完成额关联

表 5-16 提成比例与业绩完成额关联示例

销售额（万元）	提成比例
（0，10]	3%
（10，50]	5%
（50，+∞）	7%

例 3：提成比例与项目利润率关联 [①]

表 5-17 提成比例与项目利润率关联示例

项目利润率	提成比例
40% 以上	5%
20%—40%（含）	4%
10%—20%（含）	3%
10%（含）以内	2%

例 4：提成比例与淡旺季关联

表 5-18 提成比例与淡旺季关联示例

时间分类	提成比例
淡季	5%
旺季	3%
其他	4%

---

① 项目利润率既可以是单个项目利润率，也可以是多个项目平均或加权的利润率。

例 5：提成比例与考核结果关联

表 5-19 提成比例与考核结果关联示例

考核等级	考核得分	提成比例
A	90（含）以上	5%
B	80（含）—90	4%
C	70（含）—80	3%
D	60（含）—70	2%
E	小于 60	0

例 6：提成比例与售价关联

表 5-20 提成比例与售价关联示例

非标产品价格	提成比例
按照工厂报价销售	1%
超过工厂报价销售	每超过工厂报价 5%，增加 1%

在使用加速算法时，要注意四个要点：

第一，一般来说，为了鼓励销售人员超额完成任务，公司都会以业绩完成率为 100% 作为提成比例变化的临界点。当业绩完成率达到公司设置的临界点时，提成比例会增加。因此，对应的目标值制定就相当重要了，目标值制定得太高，增加了销售人员完成任务的难度，所谓的"加速"也不会发挥任何激励作用；目标值制定得太低，销售人员很容易达到临界点，公司也会因此付出更多的成本，还可能会出现员工收入增速超过

公司效益增速 [①] 的情况。

第二，加速算法要注意提成是全额计算还是分段计算，前者较后者可能大幅度增加企业的薪酬成本。例如：

表 5-21 全额提成与分段提成差异示例

回款额（万元）	提成比例（%）	举例实际回款（万元）	全额计算销售提成（万元）	分段计算销售提成（万元）
1000 以上	2	1300	1300×2%	800×1%+200×1.5%+300×2%
800—1000（含）	1.5	900	900×1.5%	800×1%+100×1.5%
800（含）以内	1	750	750×1%	750×1%

第三，使用业绩完成额来进行加速提成，销售人员容易采用人为手段调整订单日期，以期获得更高的提成收入，即我们常说的"藏业绩"或"挪业绩"的行为。

举例说明，某公司规定销售人员月度成交额 10 万元及以下的全额按照 3% 提成，成交额 10 万元以上的全额按照 5% 提成。假设 A、B 两位员工两个月的成交总额都是 28 万元，但员工 A 每月成交额均为 14 万元，两个月的提成为 14×5%×2=1.4 万元；员工 B 第一个月成交 8 万元，第二个月成交 20 万元，两个月的提成是 8×3%+20×5%=1.24 万元。成交时间不均衡产生的提成差异会使销售人员产生强烈的不公平感，甚至有人还会为了谋求个人利益最大化而钻空子，比如故意把订单积攒起来以

___
① 加速式提成模式非常容易出现人效下降的现象，在缺乏历史业绩数据的背景下，未进行充分的模拟测算时，企业应谨慎使用。

获取更高提成比例。

有没有什么方法可以规避上述情况呢？

解决思路一：上述案例的业绩完成额是每个月单独进行核算的，我们可以优化为以年度为单位，进行月度滚动核算，即 1 月核算 1 月的业绩完成额，根据完成情况核发对应的销售提成，2 月核算 1 月和 2 月累计业绩完成额，根据完成情况计算出应发销售提成，再减掉 1 月已经发放的销售提成，以此类推。销售人员想要获取更高的提成系数，就必须快速成单突破业绩的门槛值。如此，方能同时实现公司与销售人员的利益最大化。

解决思路二：上述案例的业绩完成额是每个月所有订单业绩合并计算的，如果可以分拆订单单独核算，也可以避免此类问题，例如：

表 5-22 基于订单回款的提成比例

回款额（万元）	提成比例（%）	举例	
		实际回款	销售提成（万元）
20 以上	7	假设某月有 3 笔订单回款，第 1 次回款 15 万元，第 2 次回款 8 万元，第 3 次回款 30 万元	$15 \times 5\% + 8 \times 3\% + 30 \times 7\%$
10—20（含）	5		
10（含）以内	3		

第四，我们还可对加速算法做进一步的变形：

在例 1（表 5-15）中，销售人员只有在业绩完成率 100% 的情况下，才能享受加速提成，对高绩效销售人员有较大的激励作用，而对于低绩效的销售人员，促进作用就相对有限，为了兼顾高低绩效两种人群，我们可以采用分段递增的加速算法，即"阶梯式加速"算法。

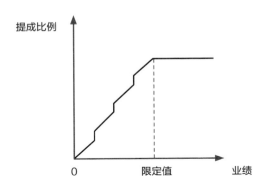

图 5-1 阶梯式加速算法示意图

在"阶梯式加速"算法下，提成比例会随着业绩完成情况进行多次、不同程度的加速，其设计逻辑考虑了不同绩效水平的销售人员的差异，对高绩效销售人员具有较强的激励力度，对低绩效销售人员具有较大的促进力度，尤其是达到临界值的销售人员，为了拿到更高的提成，会爆发出超乎意料的潜力。

用公式表示的话，"阶梯式加速"算法的提成系数为：

$$
Q = \begin{cases} M \times A \times \lambda \\ A + (M-1) \times A \times \lambda, 100\% < M \leqslant M_{限定值} \\ A + (M_{限定值} - 1) \times A \times \lambda_{max}, M > M_{限定值} \end{cases}
$$

其中：

Q：实得提成比例；

A：提成比例基数；

M：销售业绩完成率；

M 限定值：销售业绩完成率的最高限定值；

λ：调节系数（示例见下表）

表 5-23 调节系数示例

业绩完成率	[70%,80%)	[80%,90%)	[90%,100%)	[100%,120%)	[120%,140%)	[140%,+∞)
调节系数	0.7	0.8	1.0	1.1	1.2	1.3

3．减速式提成

减速算法比较少见，即当达到某种临界点或处于特殊情况时，提成比例增长的速度反而会下降。在实际应用中，递减比例会与销售人员业绩完成率、签单次数、合作时间等因素关联。

例 1：提成比例与业绩完成率关联

表 5-24 提成比例与业绩完成率关联示例

业绩完成率	提成比例		
	产品 A	产品 B	产品 C
（0，100%）	5%	9%	12%
[100%，+∞）	4%	6%	8%

例 2：提成比例与签单次数关联

此类关联在咨询行业的销售顾问中应用很广。销售人员在初次签单上发挥着较大的作用，如客户引荐、客情关系维护等，此时会给一个较高的提成比例。成交后销售人员退场，咨询顾问进场进行项目交付，后续产生的二次签单，更多的是咨询顾问的专业和服务影响客户决策，此时销售人员的作用相当有限，若仍按照初次签单的提成比例激励则属于过度激励，因此会采用减速算法。

例3：提成比例与合作时间关联

某些业务在开发环节难度比较大，一旦合作开始，除非极其特殊的情况，否则客户极少更换供应商，而持续业务合作中销售人员的贡献不大。如我们曾服务过某团餐服务公司，销售人员接入客户后，该客户的员工通过订餐小程序订餐，团餐服务公司的运营人员会将餐定时送至公司。在这样的服务模式下，只要不停止合作，不管销售人员是否介入，每个月都会有自发的团餐消费，如果不采用提成比例减速策略，一段时间后，销售人员即使什么都不做，就可以获得非常高的提成收入，势必降低销售人员工作积极性。因此，我们团队就基于合作时间来进行提成比例衰减，考虑到销售人员仍有一定的客情维系工作，提成比例不会直接衰减为零，而是给予保底值，鼓励销售人员做好日常工作，具体如下：

表 5-25 某团餐服务公司销售人员提成比例

合作年份	第一年	第二年	第三年及之后
提成比例	10%	5%	2.5%

（二）提成的关联算法

1. 设障

设障算法是两个或两个以上绩效指标共同影响提成系数，通常没有线性的关系，而是"有"与"无"的关系。设障相当于一个开关，销售人员要么用业绩打开这个开关超过障碍，享受更高的回报；要么没有越过障碍，拿最基础的报酬。常见的设障方式有销售收入完成率、毛利率完成率、新增客户数、目标产品销售数等，企业可以根据自身的销售策略来选取合适的设障指标。具体如下：

表 5-26 基于新客户收入的设障算法示例

设障：新客户收入占比超过 20% 才能获得更高的提成		
	低于障碍	等于或高于障碍
提成比例	5%	8%

2. 强化

强化算法加大了奖励或惩罚的力度，我们可将强化分为：加减式强化、乘除式强化。一般地，前者的激励力度低于后者的激励力度。

如表 5-27 所示，即为加减式的强化算法与无强化算法下的提成系数对比。在无强化算法下，销售人员的付出和收获是成正比的，完成 60% 的销售计划就给予 60% 的奖励，完成 100% 的销售计划就给予 100% 的奖励，以此类推。

而加减式强化算法与此不同，在基点（100%）之下，提成系数始终小于对应的销售计划完成率，而在基准值之上则是呈现相反的趋势，销售计划完成率越高，与提成系数的差距越大。

表 5-27 强化与无强化作用下的提成系数

销售计划完成率	60%	70%	80%	90%	100%	110%	120%	130%	140%
无强化提成系数	60%	70%	80%	90%	100%	110%	120%	130%	140%
强化提成系数	0	55%	66%	80%	100%	116%	133%	151%	171%

如果用函数曲线图表示，我们可以发现在基点（100%）之上的奖励区域中，奖励比率即指标函数的斜率逐渐增大，奖励力度也逐渐增大；在基点之下的惩罚区域中，奖励比率逐渐增大，惩罚力度也逐渐增大。

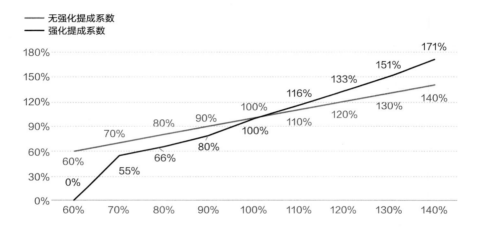

图5-2 有／无强化算法作用下的提成系数函数曲线图

曲线上每一点的奖励比率都不相同，呈现出强化的设计，加大了奖励和惩罚的力度，目的是引导员工接受更具挑战性的目标，并为实现目标而付出努力。

相比起加减式强化算法，乘除式强化算法的加强作用则会更大。乘除式强化算法是设计两个或两个以上绩效指标来共同影响提成系数，第一个绩效指标确定基准提成系数，第二个指标用来确定提成的强化系数。

示范条款：提成系数＝基准提成比例 × 强化系数。基准提成比例与毛利率完成率挂钩，强化系数与回款系数挂钩，分别如下：

表 5-28 基准提成比例

绩效指标	完成情况	基准提成比例
毛利率完成率	＜ 100%	8%
	≥ 100%	15%

表 5-29 强化系数

绩效指标	实际回款（天）	强化系数
回款时间（天）	0—3	110%
	4—30	105%
	31—60	100%
	61—90	90%
	91—120	85%
	121—150	70%
	151 以上	60%

因此，当两个指标同时完成时，提成系数会被双重放大，当两个指标同时没完成时，提成系数则被双重减小，达到加速上升或者加速下降的激励效果。

我们来看一个案例。

案例 5-4：让人抓狂的销售薪酬调整方案

某科技公司为某个细分赛道的独角兽公司，主要为大型家用电器设备公司提供代工服务，销售人员的主要工作是为公司开发有代工需求的客户，销售人员的薪酬结构为基本工资＋销售提成，销售提成＝回款业绩 × 固定提成系数。现行的销售薪酬机制存在几个问题：

第一，与销售人员目标完成情况没有挂钩，做一单就有一单的提成。

第二，大部分销售人员都在吃老本，由于原有的客户持续有增长，销售人员并无开发新客户的动力。

第三，由于服务不到位，少量的老客户流向竞争对手处。

第四，绝大部分客户都是公司分配，销售人员自主开发客户偏少。

为了促进公司业务增长，公司决定对现行的销售提成机制进行改革。公司的核心诉求为：业绩规模要增长，在确保老客户不流失的前提下，提升新客户开发占比，同时，销售人员的收入要与其贡献匹配。经过内部反复沟通，该公司 HRD 提出新的销售薪酬方案，具体如下：

销售提成＝回款业绩 × 目标完成率 × 客户系数 × 提成系数。其中，客户系数和提成系数的定义如下：

（1）客户系数，根据客户类型和来源设定，分为四种：

表 5-30 客户系数

客户类型	客户来源	
	公司分配	个人开发
老客户	a	b
新客户	c	d
客户系数关系 a ＜ b ＜ c ＜ d		

（2）提成系数，根据年度业绩达成率（T）设定，分段累进计算：

表 5-31 提成系数

业绩达成率 T	提成系数（分段累进）	举例
T ≤ 50%	x1	截至 × 年，小王累计出单 1000 万，业绩达成率 60%。则小王累计提成 = 1000 万 × 50% × x1+1000 万（60%-50%）× x2
50% < T ≤ 80%	x2	
80% < T ≤ 100%	x3	
T > 100%	x4	

从思路上看，新方案的确满足了公司的核心诉求。但是，在测算环节时，HRD 就被狠狠打脸了，原来当提成系数跳档的时候，公司很难快速确定高出来的业绩对应的客户的来源及类型，比如是新客户或者老客户，是公司资源或者自己开发的资源；只有按照订单成交时间顺序排序后才能确定。但如果按照订单成交时间顺序来确定的话，由于是分段提成，又存在销售将低提成的客户订单挪到前面，将高提成的客户订单挪到后面，从而使得销售人员总收入变得更高的问题。此外，目标完成率与提成系数有重叠之处，且调整后的薪酬计算方式烦琐，销售人员较为抵触，因为他们无法实时快速估算自己的业绩提成。

为解决上述问题，我们帮助该公司重新对销售薪酬进行调整，通过修正系数[1]来优化提成计算过程，具体如下：

销售提成 = 回款业绩 × 目标完成率 × 提成系数 × 修正系数

（1）简化提成系数

统一将提成系数设置为根据客户类型进行一次性计算，而非分段累

---

[1]　此处修正系数即为强化系数。

进。这将简化计算过程，提高透明度和可操作性，提成系数简化为三种：

表 5-32 简化提成系数

客户类型	客户来源	
	公司分配	个人开发
老客户	a	a
新客户	b	c
客户系数关系 a ＜ b ＜ c		

（2）引入修正系数

依据新客户业绩的占比来设定修正系数，分为四种：

表 5-33 修正系数

新客户业绩占比（T）	修正系数
T ≤ 30%	y1
30% ＜ T ≤ 50%	y2
50% ＜ T ≤ 80%	y3
T ＞ 80%	y4

通过引入修正系数，公司的提成计算过程得以简化，同时更具灵活性和适应性。员工能够更清晰地了解自己的提成结构，激励机制也更加明确，有助于促进销售人员积极开发新客户，提升整体业绩。

通过这个案例，我们可以看到修正系数在销售薪酬设计中的重要性及其实际应用效果。它不仅能够提高计算效率，还能增强激励效果，适应企业的实际需求。

3. 矩阵

许多销售薪酬方案，都是根据某一个销售业绩指标来计算的，这类方案可能无法兼顾经营管理上的多重需求。比如只根据销售收入支付提成，那么员工为了提高销售收入，不惜尽可能降低产品售价，损害公司利润。

因此，要解决两个相互竞争甚至相互冲突的目标时，可以采取矩阵模式设计销售激励政策。

（1）为了实现增加销售额与增加获利并重的经营目标，我们可以设置成矩阵式提成系数，详见下表。

表 5-34 基于销售额完成率与销售毛利率的矩阵式算法提成系数示例

销售额完成率（%）		销售毛利率（%）							
		起点				目标			
		10	12.5	15	17.5	20	22.5	25	27.5
起点	60	0.0	0.4	0.8	1.3	1.7	2.0	2.3	2.7
	70	0.3	0.8	1.4	1.9	2.5	2.8	3.2	3.5
	80	0.6	1.3	1.9	2.6	3.3	3.7	4.0	4.3
	90	0.8	1.7	2.5	3.3	4.2	4.5	4.8	5.2
目标	100	1.1	2.1	3.0	4.0	5.0	6.3	5.7	6.0
	110	1.3	2.3	3.3	4.3	5.2	5.7	6.1	6.6
	120	1.6	2.5	3.5	4.5	5.4	6.0	6.6	7.1
	130	1.8	2.8	3.7	4.7	5.7	6.3	7.0	7.7
优秀	140	2.0	3.0	3.9	4.9	5.9	6.7	7.4	8.2

（2）为了实现淡季不淡与增加销售额并重的经营目标，我们可以设置下面的矩阵式提成系数。

表 5-35 基于月度销售额与淡旺季的矩阵式算法提成系数示例

月销售额（元）	旺季	淡季	其他
	6—9月	1—3月、11—12月	4—5月、10月
500 万以上	6%	8%	7%
300 万—500 万（含）	5%	6.5%	6%
100 万—300 万（含）	4%	5.5%	5%
50 万—100 万（含）	3%	4%	3.5%
50 万（含）以下	1%	2%	1.5%

（三）如何确定销售薪酬提成系数？

前面分享了提成的各种算法，但具体到某个点位的提成系数到底应该怎么制定呢？

在传统的薪酬管理中，人力资源从业者往往会把销售人员的基本薪酬和激励薪酬分开管理，具体表现在招聘环节与候选人谈薪时，谈判话术是"基本工资 X 元 / 月，提成根据你的业绩来核算，比例是 Y%，多劳多得，销售补贴是 Z 元 / 月"。这样的谈判话术仅仅是把薪酬规则说明白了，但无法让销售人员直观上感受自己一年的付出到底会得到多少回报，因此，人力资源从业者一定要有薪酬总包的概念。

1. 单一提成系数的计算

薪酬总包的概念在薪酬设计中如同定海神针一般重要。一般来说，我们会通过市场调研、内部高层沟通等方式确定优秀的销售人员的年度总薪酬及其对应的业绩目标，再进行结构拆分，如 30% 是基本薪酬，剩余 70% 是激励薪酬，然后通过激励薪酬 / 年度业绩目标计算出提成系数，最后再基于市场调研及公司发展情况进行数据调整。

举例说明，假设某公司对优秀销售人员的定义为年度回款 1000 万元，对应的年度总薪酬为 20 万元，固浮比为 40%：60%，即年度基本薪酬为 8 万元，年度激励薪酬为 12 万元，则提成系数 =12/1000=1.2%。

2. 分段提成系数的计算

如存在分段提成，我们一样可以分段计算确定提成系数，如某公司对优秀销售人员的年度总薪酬规划如下：

表 5-36 某公司销售人员年度总薪酬组成

阶段	年度薪酬（A，万元 / 年）	基本薪酬（万元 / 年）	激励薪酬（B，万元 / 年）	年度回款目标（C，万元 / 年）
1	18	8	10	200
2	38		30	450

那么，针对阶段 1，我们可以计算出提成系数 =10/200=5%，由于销售人员已经在阶段 1 兑现了 200 万回款对应的激励薪酬，在计算阶段 2 的提成系数时，只需要对超额部分进行计算，即阶段 2 提成系数 =（30-10）/（450-200）=8%。因此，我们可得出结论：销售人员提成采用超额累进法，提成系数如下：

表 5-37 某公司提成系数

年度回款（万元 / 年）	提成系数
（0，200］	5%
（200，＋∞）	8%

四、算法（Algorithm）：奖金制

（一）奖金的基础算法

1. 阶梯奖金

阶梯式算法是将销售人员的业绩完成情况划分成不同的区间，同一区间内的奖金额度是一致的，不同的区间享受不同额度的目标奖金。一般而言，阶梯可以是完成率，也可以是分数或等级。

如表 5-38 所示，假设销售人员全年销售目标完成率为 85%，则其可获得的年度奖金 = 目标奖金 × 奖金支付比例 =3×50%=1.5 万元。

表 5-38 阶梯式奖金算法示例

奖金额度	销售目标实际完成率	奖金支付比例
目标奖金：3 万 / 年 每月根据实际销售业绩浮动计发	[0，80%）	0%
	[80%，90%）	50%
	[90%，100%）	70%
	[100%，110%）	100%
	[110%，120%）	140%
	[120%，130%）	170%
	[130%，+ ∞）	200%

2. 比例奖金

阶梯式算法虽然划分了很多个区间，但区间是有上下限的，对应的奖金支付比例也是有封顶的，如表 5-38，销售人员能拿到的奖金最多就

是 6 万元，一旦到达这个封顶值，即使销售人员还掌握着可成交的客户资源和需求，也会放慢甚至停止相关的营销动作，导致出现"藏业绩"的现象。想要解决这个问题，可以采用比例算法。

比例算法取消了封顶并弥补了阶梯与阶梯之间的缺口，允许奖金超出业绩的规定范围，可以起到更为积极的效果。如表 5-39，当销售人员销售目标完成率为 120% 时，其可获得的销售奖金 =3×100%+3×[（120%-100%）/1%]×2%=4.2 万元。

表 5-39 比例奖金算法示例

奖金额度	销售目标完成率	奖金支付比例
目标奖金：3 万/年 每月根据实际销售 业绩浮动计发	0—100%	每完成 1% 的销售目标， 获得目标奖金的 1%
	>100%	每完成 1% 的销售目标， 获得目标奖金的 2%

（二）奖金的关联算法

奖金的关联算法和提成的关联算法本质是类似的，也分为设障、强化与矩阵三类，具体如下：

1. 设障

设障算法是两个或两个以上绩效指标共同评估结果的结合。设障相当于一个开关，销售人员要么用业绩打开这个开关绕过障碍，要么没有越过障碍。同样，常见的设障方式有销售收入完成率、毛利率完成率、新增客户数、目标产品销售数等，企业可以根据自身的销售策略来选取合适的设障指标。

表 5-40 设障奖金算法示例

销售业绩完成率	奖金支付比例	备注
[115%,+ ∞)	130%	
[110%，115%)	120%	
[105%，110%)	110%	
[100%，105%)	100%	设障：如果销售人员的大客户流失率大于15%，其奖励支付比例不得超过100%
[90%，100%)	90%	
[80%，90%)	80%	
[0%，80%)	0%	

如表 5-40 所示，假设销售人员的目标奖金是 10 万元，今年的销售业绩完成率为 120%，但由于销售人员对大客户服务不到位，其名下大客户流失超过 20%，则其奖金支付比例由 130% 调整为 100%，其最终可获得的奖金 =10 × 100%=10 万元。

2. 强化

强化奖金可以把两种或两种以上的绩效指标联系起来，以奖励对产品的交叉销售；同样，强化的方式可以用"加减"方式，也可以用"乘除"方式，后者的激励力度较前者更大。

案例 5-5 某消费品公司基于强化算法的销售奖金激励方案

销售人员的年度销售奖金 = 年度目标奖金 × 奖金支付比例 × 强化系数，其中年度目标奖金为 50000 元 / 年，奖金支付比例与年度销售额完成率挂钩，强化系数与年度销售额完成率65%以上产品数量挂钩，具体如下：

表 5–41 奖金支付比例

年度销售额完成率	奖金支付比例
65%（含）—75%	每完成 1% 的目标获得年度目标奖金的 0.5%
75%（含）—85%	每完成 1% 的目标获得年度目标奖金的 0.8%
85%（含）—95%	每完成 1% 的目标获得年度目标奖金的 1%
95%（含）以上	每完成 1% 的目标获得年度目标奖金的 2%

表 5–42 强化系数

年度销售额完成率 65% 以上产品数量	强化系数
5 种全部达到	120%
5 种中达到 4 种	110%
5 种中达到 3 种	100%
5 种中达到 2 种	90%
5 种中达到 1 种	70%

当销售人员销售完成率为 90%，达到目标销售的产品种类为 4 种时，其销售奖金 =50000×1%×（90%/1%）×110%=49500 元。

3. 矩阵

矩阵奖金算法是以两种互相冲突的绩效指标共同影响奖金支付比例。

如表 5–43 中的两种绩效指标是销售额和退货率。销售额直接反映销售团队的销售业绩，但销售团队为了增加销量，可能会促销或向不合适的客户销售，通常可能伴随较高的退货率。类似的影响指标还有销售收入完成率和毛利率完成率、销售收入完成率和降本完成率等。

表 5-43 矩阵奖金算法示例

销售额（万元）	退货率			
	（0，10%]	（10%，20%]	（20%，30%]	（30%，100%]
（0，30]	6%	4%	2%	0%
（30，60]	8%	6%	4%	0%
（60，100]	10%	8%	6%	0%
（100，+∞）	12%	10%	8%	0%

那么，我们该如何确定奖金矩阵？

第一，确定奖金矩阵的行列数，如 7 行 ×7 列；是否可以是偶数的行列数的矩阵呢？答案是否定的，原因是 100% 奖励系数应对应矩阵两个维度 100% 完成时的情形，既然是作为奖励系数的定海神针，那么必然上下均有对应的行或列的数据。

第二，确定奖金矩阵的关键影响因素，如销售收入完成率与毛利率完成率，并确定其底线、基准目标，如表 5-44 所示：

表 5-44 奖金矩阵关键影响因素及其目标值

目标类型	销售收入完成率	毛利率完成率
底线目标	70%	91%
基准目标	100%	100%
超额目标	无须确定，可通过底线目标和基准目标推算而得	

　　为什么不需要确定超额目标？底线目标是公司可接受的最低目标，其确定相对容易，如行业的平均水平，或者公司现有销售人员过去一年的实际完成值的中点值等。而超额目标的确定很容易引起公司和员工间的博弈，根据我们多年的咨询经验，大部分公司的超额目标都是公司管理层拍脑袋确定，没有任何的依据，最重要的是，在往下的第三步，我们可以基于底线目标和基准目标推算出超额目标。

　　第三，我们需要确定每一行每一列分别对应的目标值是多少。

　　（1）假设将两个关键影响因素的基准目标值定位在各坐标轴的中点位置，则底线目标值就定位在两坐标轴的起点，具体如下：

表 5–45 影响因素定位

销售收入完成率

（2）利用等差数列进行计算，计算底线目标和基准目标间的公差，公差 =（最大值 − 最小值）/（项数 −1），即销售收入完成率公差 =（100%−70%）/（4−1）=10%，毛利率完成率公差 =（100%−91%）/3=3%，利用对应的公差，推算出整个矩阵表的每一行每一列分别对应的目标值（当前项值 = 前一项值 + 公差），计算结果如下：

表 5-46 影响因素间距确定

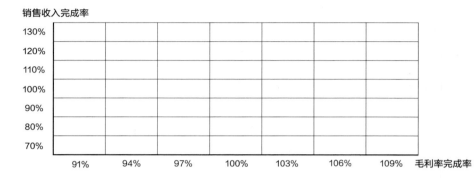

第四，确定关键影响因素在不同完成率下所能获得的最大及最小奖励倍数（即薪酬杠杆），如表 5-47 所示：

表 5-47 关键影响因素薪酬杠杆

指标及目标类型		销售收入完成率	
		底线目标	超额目标
毛利率完成率	底线目标	0%	60%
	超额目标	60%	无须确定，可通过测算得出

从表 5-47，我们可以得到如下信息：

①当销售收入完成率＜底线目标，且毛利率完成率＜底线目标时，销售人员的目标奖金为 0；

②当销售收入完成率＜底线目标，且毛利率完成率＞超额目标时，销售人员能获得目标奖金的 60%；

③当毛利率完成率＜底线目标，且销售收入完成率＞超额目标时，销售人员能获得目标奖金的 60%。

结合以上信息，我们便可确定奖金矩阵的几个点位值，具体如下：

表 5-48 薪酬杠杆点位确定

销售收入完成率

	91%	94%	97%	100%	103%	106%	109%
130%	60%						
120%							
110%							
100%				100%			
90%							
80%							
70%	0%						60%

毛利率完成率

第五，利用等差数列，计算出整个矩阵表的奖金支付比例：

（1）先计算第一行和第一列；

表 5-49 奖金矩阵首行首列确定

销售收入完成率

	91%	94%	97%	100%	103%	106%	109%
130%	60%			170%			
120%	50%			147%			
110%	40%			123%			
100%	30%			100%			
90%	20%			77%			
80%	10%			53%			
70%	0%	10%	20%	30%	40%	50%	60%

毛利率完成率

（2）计算第四列（即毛利率完成率为 100% 的所在列），公差 =（100%-30%）/3 ≈ 23%，则可以计算出当前列的支付比例，即表 5-49 奖金矩阵第四列。

（3）利用第一列和第四列的数值，分别计算出各行的公差，如销售收入完成率为 80% 所在行的公差 =（53%–10%）/3 ≈ 14%，利用等差公式（当前项值 = 前一项值 + 公差）即可计算出整个矩阵表格，最终计算结果如下：

表 5–50 完整奖金矩阵表

销售收入完成率

130%	60%	97%	133%	170%	207%	243%	280%
120%	50%	82%	114%	147%	179%	211%	243%
110%	40%	68%	96%	123%	151%	179%	207%
100%	30%	53%	77%	100%	123%	147%	170%
90%	20%	39%	58%	77%	96%	114%	133%
80%	10%	24%	39%	53%	68%	82%	97%
70%	0%	10%	20%	30%	40%	50%	60%
	91%	94%	97%	100%	103%	106%	109%	毛利率完成率

此步骤不仅可以使用等差数列，我们也可以引用前面提到的强化算法，完成情况在基点值之下的，加强"惩罚"，在基点值之上的，加强激励，整体呈现无规律递增的趋势。

第六，微调矩阵表。视实际情况进行调整，如进行四舍五入等。

（三）如何设计销售管理者奖金？

销售管理者是销售队伍的关键所在，向上肩负着企业经营战略实现的重担，向下承担着团队管理、人才培养等责任，其激励设计便尤为重要。从实践的角度来看，我们可以把销售管理者的奖金类型分为以下三类：

1. 经营奖金

常以业绩分享奖、投资产出奖等奖励形式存在，奖金的标准要与公司经营业绩挂钩，主要应用于销售的高层管理者。经营奖金主要挂钩指标包括收入、利润以及投资回报三类：

收入：通常与收入的绝对值或收入的增长率挂钩。

利润：通常与利润的绝对值或利润的增长率挂钩。

投资回报：通常与投入产出率挂钩。

案例 5-6 某民营股份公司基于投资回报率 ROI 经营奖金方案

某民营股份公司收购子公司甲，甲公司独立核算，实质上是一家销售公司，代理某世界 500 强企业 S 的产品业务。股份公司对子公司甲采取以投资回报率 ROI 为主的考核，与经营奖金总额挂钩。

（1）奖金包设计

奖金包 Y=（返利奖金 + 子公司毛利 − 全部开支）×10%×R

返利奖金：完成年度代理业务量，由 S 公司在财年结束后给予的返利。

子公司毛利：扣除增值税（或营业税）后，缴纳企业所得税前的利润。

全部开支：年度的各项成本、费用。

R：投资回报率（ROI）L 对应的奖励系数。

（2）奖励系数设计（R）

表 5–51 奖励系数 R

实际投资回报率完成情况	系数 R
实际投资回报率 L ≥ 目标投资回报率 L	1+（L 实际值 −L 目标值）/L 目标值
实际投资回报率 L ＜ 目标投资回报率 L	1+[（L 实际值 −L 目标值）/L 目标值]×2

（3）目标投资回报率

表 5–52 目标投资回报率

股份公司资金投入额 D（万元）	D ≤ 4000	4000 < D ≤ 4500	4500 < D ≤ 5000	5000 < D ≤ 6000	D > 6000
目标投资回报率 L（%）	7	7.5	8.5	10	11

2. 销售奖金

销售奖金分为个人销售奖金和团队销售奖金两类。对于专职销售管理者而言，其销售奖金主要与团队业绩表现挂钩；对于兼职销售管理者而言，其角色是销售人员＋管理人员的双重叠加，有权获得个人销售奖金和团队销售奖金两部分叠加。

对于销售管理者销售奖金的设计而言，我们必须遵循以下三个基本原则：

原则一：激励力度要团队＜个人，但激励奖金总额要团队＞个人。

尤其是对于成熟的销售团队更是如此，否则，无法牵引销售管理者将主要的精力投入销售团队建设上，而会使其更倾向个人业绩，从而失去

"管理"的意义。

原则二：团队销售业绩应剔除个人业绩。

销售管理者个人创造的业绩，将按照普通销售人员激励政策获得个人的销售奖金，而在核算团队奖金时，应该把团队业绩中他个人业绩部分剔除，否则就会导致对相同的一笔业绩实施了重复奖励。

在实践中，还有不少企业会对销售管理者的个人业绩占比做出一定控制，用约束的方式平衡销售管理者的个人业绩和团队管理。如企业会要求销售管理者的个人业绩不得超过团队总销售业绩的 50%，如超过了，超过部分对应的奖金会有不同程度的打折。

案例 5-7 某科技公司销售总监的销售奖金设计

销售总监的团队销售奖金采用阶梯奖金制，奖金系数与其所管理团队半年内的累计核定回款金额挂钩，其中：

（1）"合同核定回款金额"不包含 × 年 1 月 1 日前的高欠项目、转包、转单、过单及公司级收款项目的回款。

（2）团队半年度内累计合同核定回款金额须剔除销售总监个人回款金额，且受大客户经理回款时间相关规定约束。

表 5-53 销售总监团队销售奖金计算

团队半年内累计核定回款金额（万元）	奖金系数	计算公式
（0，1000]	0.35%	团队半年内累计核定回款金额 ×0.35%
（1000，2000]	0.30%	1000×0.35%+（团队半年内累计核定回款金额 −1000）×0.3%

续表

团队半年内累计核定回款金额（万元）	奖金系数	计算公式
（2000，3000]	0.25%	1000×0.65%+（团队半年内累计核定回款金额 −2000）×0.25%
（3000，4000]	0.20%	1000×0.9%+（团队半年内累计核定回款金额 −3000）×0.2%
（4000，5000]	0.15%	1000×1.1%+（团队半年内累计核定回款金额 −4000）×0.15%
（5000，＋∞）	0.10%	1000×1.25%+（团队半年内累计核定回款金额 −5000）×0.1%

原则三：团队销售奖金重点考核增量业绩。

尤其是针对新进的销售管理者，企业引进其的核心目标是带来业绩的增量，如没有增量业绩，说明该新进销售管理者没有发挥作用，且从某个角度来看，即使没有新的销售管理者到来，销售团队的存量业绩也不会出现大的波动。

3. 管理奖金

管理奖金主要与公司管理导向有关，什么是管理导向？简单总结一下就是"人财物"，实践中的管理导向主要有：人—人才培养、财—成本节约、物—组织裂变三种类型。

（1）人才培养奖

对于培养出符合公司要求的销售人员的行为进行奖励。这里面有几个设计要点：

第一，需要明确定义什么是"符合公司要求"，只有这样才能圈定出需要师傅伴随成长的被培养对象。

第二，需要明确最长的培养时长，当超过最长培养时长，被培养对象仍然无法达到公司要求的，其师徒关系应该切断，我们必须承认不是所有人都适合当老师，及时止损也是一种盈利。

第三，要明确奖励的具体额度、时长及其他附加要求。

第四，培养与被培养的关系需要建立在双向选择的基础上，并且在公司层面进行备案，否则最后将导致奖励变吵架，队友变敌人。

案例 5-8 某连锁瑜伽公司销售人才培养奖金

某瑜伽连锁机构为了鼓励资深的销售人员或资深的瑜伽教练培养新人，决定对负责带新人的师傅实施人才培养的奖励，具体如下：

人才培养奖 ＝ 瑜伽教练每月收入 × 奖励系数 ＋ 销售顾问每月收入 × 奖励系数，从备案之日次月起算 60 个月，被培养对象绩效达标的月份连续向师傅发放，其中前 6 个月的奖励系数为 5%，从第 7 个月至第 60 个月，奖励系数为 1%。

适用条件：①师徒关系已在人力资源部备案。②备案前被培养对象绩效未达标，即销售顾问月收入低于 1 万元，瑜伽教练月收入低于 1.2 万元。③备案后被培养对象绩效达标，即销售顾问月收入高于 1 万元，瑜伽教练月收入高于 1.2 万元。④师傅与徒弟双方均正常在职，任一方离职，则不再享受对应的人才培养奖。

（2）成本节约奖

对于有效的成本控制与解决实施奖励，并非为了节约成本而节约成本。例如销售费用。销售费用是销售管理者的一项特殊开支，它不以工资的形式支付给高管个人，但允许销售管理者因工作和职务需要而消费一定的金额，例如公车消费、业务招待费等。大部分公司对销售费用的管理随意性较大，一般采用实报实销的方式，但这种方式隐藏着诸多问题。因

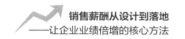

此，对销售费用进行专项激励，是成本节约奖常见的奖励项目。

案例 5-9 某互联网公司销售费用管理优化设计

某互联网公司销售管理者的销售费用管理采用的是实报实销制，公司在对销售费用进行复盘后发现，销售费用未与公司的经营业绩挂钩，导致销售费用花了不少，但业绩没有明显增长。基于此，公司进行了销售费用政策的优化，具体如下：

第一步：明确销售费用的限额。公司统计了销售管理者过去 3 年的销售消费的平均值，将其作为销售消费的基准值。

表 5-54 销售管理者年度销售费用基准值

总部销售管理者		下属子公司销售管理者	
职务	限额（万元/年）	职务	限额（万元/年）
总经理	10	总经理	9
副总经理	9	副总经理	7

第二步：动态管理销售管理者的销售费用。按照营业额增长率和利润额增长率分别占 60% 和 40% 的权重，对销售费用进行动态管理。

表 5-55 销售费用动态管理

序号	项目	调整比例			权重
1	营业额增长率	8% 以下	8%—10%	10% 以上	60%
	调整增长率	5%	6%	8%	

续表

序号	项目	调整比例			权重
2	利润额增长率	5% 以下	5%—8%	8% 以上	40%
	调整增长率	5%	6%	7%	

第三步：多退少补、延期发放。销售费用不直接发放，而是按年结算，至年底仍有结余的，在任期内滚动使用后，结余部分可以发给销售管理者本人，不足部分由其自行补足。

（3）组织裂变奖

组织裂变奖本质上是人才培养的高阶状态，对孵化出符合公司要求的销售组织行为实施奖励。

案例 5-10　某餐饮连锁公司组织裂变奖设计

某公司餐饮门店的店长主要是内部培养晋升的，为了鼓励优秀的店长培养更多的新店长，公司决定对店长实行组织裂变奖励，即培养新店长以及新店长再培养店长都可以享受相应的激励。为此，公司组织裂变奖机制有如下两种，店长可选择其中较大值：

a 模式：其管理餐厅利润的 2.8%。

b 模式：其管理餐厅利润的 0.4%＋其徒弟管理餐厅利润的 2.8%—3.1%＋徒系管理餐厅利润的 1.5%。

每季度公司对所有餐厅进行 ABC 等级评定，其结果与是否可以享受裂变店的奖金挂钩。

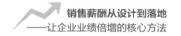

五、能力测试与实操练习

某猎头公司采用全国布局的模式，由于猎头公司各地分公司负责人难寻，公司主要采用内部培养与晋升的方式发展新的分公司经理，为了放手让优秀分公司总经理培养更多分公司总经理，公司决定采用组织裂变奖金模式，目前公司对于总经理自己管理的分公司的激励规则为每年净利润的5%。基于此，请你设计该猎头公司的组织裂变激励机制。至少考虑以下因素：

1. 激励层级如何设计？即与总经理的利益挂钩的组织裂变的层级设几级？

2. 激励力度如何设计？（总经理自己管理的分公司激励系数可以看作参考基准、上限、下限以及时限等）

3. 激励基数如何考虑？

Q 输入关键词
"组织裂变"
获取参考答案

本章小结：

1. 销售人员的激励薪酬机制主要包含两类：一类是基于业绩产出的提成制，一类是基于目标达成的奖金制。实践中，这两类激励薪酬既可以单独设计，也可以组合设计。

2. 确定销售人员的激励薪酬机制后，可以借助 CAVPD 结构化模型来构建符合企业的薪酬算法，该模型具体包含基数、算法、边界、支付、分配五个维度。

3. 关于基数：提成的基数可以是销售额、利润、回款等销售结果指标；奖金的基数，除了前述的销售结果指标，还可以关联销售过程指标和销售投入指标，比如新客户的数量、老客户流失率、区域业绩排名等。

4. 关于算法：无论是提成制还是奖金制，确定提成或奖金的算法规则时，我们可以先确定基础算法，然后结合需要叠加关联算法，实现业绩结果的多维管控。

①基础算法：提成制的基础算法包含固定式提成、加速式提成、减速式提成，奖金制的基础算法包含阶梯奖金和比例奖金。

②关联算法：提成制和奖金制均可以通过设障、强化、矩阵等方式对基础算法做约束。

第六章

CHAPTER 6

提成 / 奖金设计的
CAVPD 模型（下）

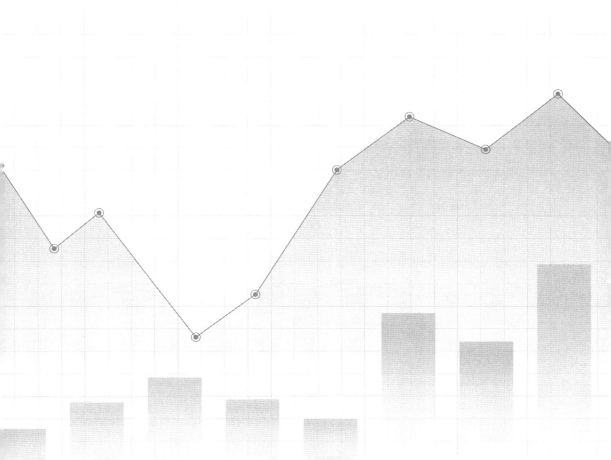

本章继续讲解销售提成 / 奖金的 CAVPD 模型，重点聚焦销售提成 / 奖金的边界（Verge）、支付（Pay）和分配（Distribution）三大要素上。

一、边界（Verge）：门槛值与封顶值

（一）什么是边界？

在真实的商业环境中，销售人员给公司创造了价值，公司就应向销售人员支付对应的劳动报酬，但"价值"一词还隐含着很多的问题需要企业进行思考：

公司向销售人员支付了基本薪酬，需要销售人员对应带来什么价值？

销售人员创造了 1 元的价值，公司是否就要支付 1 元所对应的提成 / 奖金？

销售人员业绩好是否等同于其付出的努力多？

…………

诸如此类的问题还有很多，我们在设计销售薪酬中的提成 / 奖金时，不得不考虑销售薪酬的边界问题，并将其分为"门槛值"和"封顶值"。

1. 门槛值

门槛值的本质是销售人员在获得提成 / 奖金之前，应该将公司支付给销售人员的底薪先挣回来，同时避免年复一年对同样的业绩给予激励，使得销售人员失去了进步的动力。因此，门槛值往往被设定为一个等同于开始获得提成 / 奖金需要达到的业绩目标[1]。

---

[1] 业绩目标可以是销售额、毛利润等。

2. 封顶值

封顶值的设定主要是避免因得到事先未能预料到的大宗订单，而支付给销售人员过多提成／奖金；或目标设定不当造成的事先无法确定的过度付酬。封顶值的设置是一件极具挑战性的工作，需要企业在激发销售人员活力与控制过度支付之间找到平衡。

（二）门槛值的适用场景及确定方法

1. 不适用门槛值的业务场景

对于门槛值的适用场景无法穷尽列举，但我们可以反过来思考，不适用门槛值的业务场景有哪些？从我们的管理咨询实践来看，一般而言，以下业务场景可能并不适合设置门槛值。

场景一：基本薪酬偏低

企业在设计销售人员的薪酬结构时，较低的基本薪酬一般会搭配相对较高的提成／奖金，如果设置门槛值，且达到门槛值具有一定难度，势必增加销售提成／奖金的获得难度，会导致销售人员要么选择直接躺平，要么选择直接离职。如果基本薪酬偏低，则不适合设置提成／奖金的业绩门槛值。

那什么是"基本薪酬偏低"呢？我们可以从以下角度加以判断：

第一，销售人员基本薪酬处于当地最低工资 2 倍之内。

第二，销售人员基本薪酬 + 最低档业绩提成／奖金标准 × 实现概率，与当地平均工资相差无几。

场景二：目标值偏高

目标值偏高本身已经有着一定的完成难度，而我们的门槛值往往基于目标值的一定比例进行设置，如门槛值 = 目标值 ×60%，在此情况下设置的门槛值通常也缺乏一定的合理性，比例太低就失去了设置门槛值的意义；比例太高，提成／奖金的获得难度太大，销售人员自然认为公司在"竭尽所能"扣钱，最后便以躺平或离职收场。

场景三：项目型业务

某些客户业务的重复成交与开发新客户几乎相同，都需要付出与第一次攻克客户差不多的努力，例如装饰工程、咨询项目等类型的业务。此类业务每次进行销售开发都是全新的项目，即使是同样的客户进行续签，在续签时也很难做到两个项目完全一样，设置门槛值的意义不大。

场景四：新业务（战略型业务）

新业务通常还处于探索和验证阶段，能不能存续还是个未知数。因此，我们需要一点时间进行探索与迭代优化，应鼓励销售人员快速跑马圈地，如果新业务一来就设置门槛值，销售人员可能拒绝接受新业务的销售任务，选择继续卖老产品或者更好销售的产品，从而导致新业务直接"胎死腹中"，公司无法实现第二增长曲线。

场景五：长周期销售

长周期销售通常至少需要 1 年才能成交，且长周期本身也意味着销售难度较大，设置门槛值无异于难上加难，将会极大削弱销售薪酬激励的有效性。

2. 如何确定门槛值

方法一：覆盖成本法

覆盖成本法指销售人员每月为公司创造的价值[1]，至少需要覆盖销售人员每月的基本薪酬，即每月回款 × 毛利率≥每月基本薪酬，否则订单越多，公司亏损越大。

举例而言：假设公司的毛利率为 20%，销售人员的基本薪酬为 5000 元／月，则销售人员提成／奖金的门槛值应为 5000/20%=25000 元，这意味着销售人员每月需要完成 25000 元的回款目标，才能为公司创造 5000 元的毛利，以覆盖其基本薪酬成本。如果销售人员仅完成了 20000 元的回款任务，即使按照提成／奖金标准支付，公司也未能覆盖销售人员的基本薪酬成本，反而会导致亏损。

方法二：历史数据法

历史数据法是根据销售人员过去的业绩完成情况，制定新一年的销售目标，并基于一定比例确定门槛值。

场景 1：如果企业有多年数据积累，可以通过加权平均法来确定门槛值。**加权平均法：**用多个年份的实际完成情况进行加权测算，用公式表示为：门槛值＝去年实际完成值 × 权重 1+ 前年实际完成值 × 权重 2。其中，权重 1+ 权重 2=100%。

权重的设置一般遵循以下原则：越接近当前年份的数据越能体现销售人员的真实能力，因此对未来的影响也更大，对应的权重也应更大。即权重 1 > 权重 2。

---

[1] 通常我们用毛利来衡量销售人员创造的价值。

案例 6-1 玩转门槛值之"加权平均法"

某销售人员 2021 年及 2022 年实际完成的销售收入分别为 987 万元及 1234 万元，公司确定的业绩影响权重分别为 2021 年 40%，2022 年 60%，请利用加权平均法，计算该销售人员 2023 年销售收入的目标值。如果将销售收入目标值的 70% 确定为门槛值，那门槛值为多少？

参考答案：

2023 年销售收入目标值 =2022 年销售收入实际完成值 ×60%+2021 年销售收入实际完成值 ×40%=1234×60%+987×40%=1135 万元。

则 2023 年销售收入门槛值 =1135×70%=795 万元。

场景 2：如果我们没有多年的数据沉淀，只能找到最近一年的数据，怎么办呢？即使只有一年的数据，我们也可以通过"一次平均法"及"二次平均法"两种算法，来确定目标值，具体算法如下：

（1）一次平均法：门槛值 = 上一年实际业绩 ×（1+ 业绩增长率），业绩增长率由公司制定，一般不低于 10% 或行业增长率。

（2）二次平均法：门槛值 = 高于上一年月均业绩对应月份的月均业绩 ×12。

请注意，二次平均法结算结果往往要高于一次平均法。

案例 6-2 玩转门槛值之"一次平均法"与"二次平均法"

已知某公司销售人员 2022 年各月的销售收入完成情况如表 6-1 所示，公司要求该销售人员新一年销售收入增长至少 15%，请分别使用"一次平均法"及"二次平均法"，计算某公司销售人员 2023 年销售收入的目标值。如果将销售收入目标值的 70% 确定为门槛值，那门槛值为多少？

表 6-1 某公司销售人员 2022 年各月销售业绩

月份	1	2	3	4	5	6	7	8	9	10	11	12
销售收入完成值（万元）	100	110	80	103	89	140	123	98	105	97	163	137

参考答案：

（1）一次平均法：2023 年销售收入目标值 = Σ（100+110+80+103+89+140+123+98+105+97+163+137）×（1+15%）=1547 万元。

2023 年销售收入门槛值 =1547×70%=1083 万元。

（2）二次平均法：2022 年月均销售收入 =（100+110+80+103+89+140+123+98+105+97+163+137）/12=112 万元。

与 2022 年数据相比，销售收入完成值＞ 112 万元的数据分别为 6 月的 140 万元，7 月的 123 万元，11 月的 163 万元及 12 月的 137 万元，对应的月均销售收入为（140+123+163+137）/4=141 万元。

因此，2023 年销售收入目标值 = 高于上一年月均业绩对应月份的月均业绩 ×12=（140+123+163+137）/4 × 12=1689 万元。

2023 年销售收入门槛值 =1689×70%=1182 万元。

方法三：职级目标法

即以销售人员所在职级对应业绩目标的一定比例作为门槛值。例如：初级销售人员所在 S2 职级的销售额目标为 50 万元 / 月，假设将门槛值设为销售额的 60%，则说明月度完成销售额 30 万元以上，才有提成 / 奖金，示例如下：

表 6-2 基于职级目标法的门槛值设置示例

职等	职级	月度基本薪酬（元/月）	个人月度回款金额目标值（万元/月）	门槛值比例	个人月度回款金额门槛值（万元/月）
首席大客户经理	S9	13000	225		135
	S8	11500	200		120
	S7	10000	175		105
战略大客户经理	S6	8500	150		90
	S5	7500	125	60%	75
	S4	6500	100		60
初级大客户经理	S3	5500	75		45
	S2	5000	50		30
	S1	4500	25		15
观察期	S0	2360	—	—	—

（三）封顶值的适用场景及确定方法

1. 适用封顶值的业务场景

基于我们的管理咨询实践，适用于封顶值的业务场景主要有以下几类：

场景一：目标值偏低

目标值偏低，员工很轻易就能完成甚至超额完成目标，因此需要设置封顶值规避报较低的目标来赚取更高奖金的行为。

场景二：与销售人员努力相关性不大

该业务场景又可以细分为下列三类：

第一，受政策影响的业务：如处方药销售。受制于严格的药品审批政策、医保报销政策、药品采购目录更新等，药品是否被纳入医保目录，决定了其在医院的销售潜力，这些政策变动对销量的影响远大于销售人员的个人努力。

第二，处于垄断地位的业务：如石油销售。消费者大多都是唯一选择，而且本质上都是客户自发的需求，与销售人员努力相关性不大，客户并不会因为销售人员的客情关系或是营销手段就产生加油的需求。

第三，市场波动剧烈的业务：如大宗商品、金融业务等。当市场趋势上涨时，销售人员无任何作为也不会影响上涨的走向；当市场趋势下跌时，也并非销售人员个人行为导致。因此，此类受市场影响巨大的业务，必须考虑封顶值，如此才能规避市场影响带来的超额收益，同时也要考虑托底，给予最低的保障。

场景三：基于工资总额或成本控制

如年薪制员工，年薪包－全年各月固定发放的基本薪酬，剩余部分为提成／奖金，即提成／奖金的封顶值。

2. 如何确定封顶值

方法一：目标薪酬封顶法

即前文描述的业务场景三，年薪包－全年各月固定发放的基本薪酬，剩余部分即为提成／奖金的封顶值。

目标薪酬封顶法　·如年薪制，年薪包－全年各月固定发放的基本薪酬，剩余部分即为提成／奖金的封顶值

年薪总包	基本薪酬包（万元）		激励薪酬包
（万元）	小计	月度	（万元）
20	12	1	8

图 6-1 目标薪酬封顶法示例

方法二：基本薪酬封顶法

即封顶值＝基本薪酬 × 倍数。运用这个方法的前提，一般是大家的基本薪酬是一样的，隐含的逻辑是大家的目标是相同的，因此，结合销售人员不同的超额完成情况，按照排名给予不同的封顶倍数。

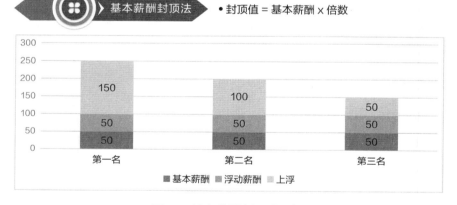

图 6-2 基本薪酬封顶法示例

方法三：浮动薪酬封顶法

即封顶值＝浮动薪酬 × 倍数。不同级别的销售人员的薪酬固浮比是不一样的，整体来说，级别越高，浮动部分占比越高，因此，在考虑封顶

值时，可以基于浮动薪酬进行封顶。

图 6-3 浮动薪酬封顶法示例

二、支付（Pay）：控制风险的方式

这里讨论的支付，并不是银行卡支付或者电子支付，也不是月度支付或季度支付，而是从约束角度设计销售薪酬支付机制。背后的逻辑是：要么工作没有做完，不能一次性全部将奖金支付完；要么可能存在造假或损失的风险，要通过分期支付的策略，将公司的损失控制到最小。

最为常见的分期支付策略有以下 4 种：

（一）后续支付

对于某些业务而言，其交易的全部价值并不是在成交当时就全部实现，因此，在支付销售提成 / 奖金时，应该基于已经实现的销售业绩进行激励，而并不是基于全部回款实施激励。

例如：健身行业，销售人员成功营销健身年度会员卡后，由于会员卡有效期为 12 个月，且后续存在退卡退费的可能性，如果公司基于收到的年度会员卡的总金额，向销售人员支付销售提成 / 奖金，后续发生退费，公司有可能无法从销售人员工资里扣回已兑现的提成 / 奖金，可谓是"赔了夫人又折兵"。正确的做法应该是将年度会员金额平均到每个月，当月结束即对应月份的金额消费完毕，公司对已消费金额部分进行提成 / 奖金的支付，如此既能保证出现退费风险时公司能有一定的抗风险能力，也能按照真实业绩对销售人员进行激励。

（二）收尾支付

对于某些业务而言，销售提成 / 奖金通常与交易的流程相关联，交易的开始与结束之间有一定的时间间隔。例如：某设备销售公司，当销售人员与客户签订订单后，客户的付款条件通常为预付款 40%，安装调试后付款 50%，售后维保结束付款 10%。

因此，我们需要激励销售人员主动完成全部交易环节，而不能放弃部分回款占比较小的交易环节，只有销售人员完成全部的交易环节之后，我们才能支付全部的销售提成 / 奖金，且支付比例要低于回款进度。

假设某公司的交易环节分为 ABC 三步，交易进度与奖金的支付进度不应保持一致，交易进度应快于支付进度，具体如下：

表 6-3 收尾支付示例

分类	A	B	C
交易进度	50%	30%	20%
奖金进度	40%	20%	40%

（三）递延支付

对于金额较大或涉及重要岗位的销售人员的销售提成 / 奖金，可以设计递延支付的机制，以控制销售过程中出现的道德风险。一般而言，销售提成 / 奖金的 40% 以上应采取递延支付的方式，且递延支付期限一般不少于 3 年，其中主要高级管理人员销售奖金的递延支付比例应高于 50%，在递延支付时段中必须遵循等分原则，或前轻后重，而不得前重后轻，以避免出现道德风险。

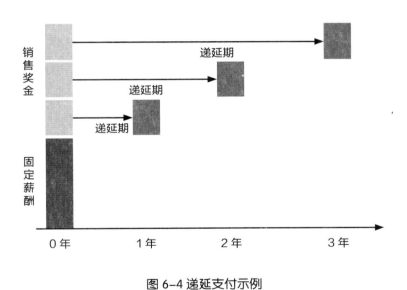

图 6-4 递延支付示例

例如：《×× 银行对公客户经理管理办法》规定

（1）营销管理人员的薪酬由基本工资、个人业绩奖金、管理业绩奖金以及相关福利组成。

（2）原则上，营销管理人员的基本工资当月发放，个人业绩及管理奖金当月发放 50%、季度发放 20%、年终奖发放 30%。实际发放金额可根据 KPI 完成情况进行调整。

（3）对涉及信贷业务的对公外勤人员奖金进行递延管理，奖金递延人员范围为专职客户经理和营销管理人员（即团队长）。

（4）根据每月确定的递延人员名单，对公外勤人员递延奖金为当月条线所有奖金的 30%，于年底归集通算，分三年递延。

一般地，销售提成 / 奖金的递延支付是用人单位对本公司人员采取的一项具有延期支付性质的风险管控措施，是否发放、发放金额多少与其承办业务风险挂钩，而不是延后发放的普通工资或薪酬。销售提成 / 奖金是用人单位根据经营业绩和风险管理及员工是否尽职等考核指标，来确定是否支付给员工的业绩报酬，属于用人单位自主管理权的体现，用人单位有权自主决定销售提成 / 奖金递延支付的条件、数额等事宜。

由于延期支付涉及销售人员个人利益，用人单位应在相关制度中设计递延支付条件，以及明确不予发放、扣减发放的具体情形，并按照《中华人民共和国劳动合同法》（简称《劳动合同法》）第四条之规定，履行规章制度的民主程序，并对员工做好宣传、培训工作，确保员工已知悉相关内容，从而降低劳动争议败诉的风险。

（四）追索扣回

为了确保激励与约束并重，让销售人员的薪酬激励与业绩风险相匹配，防止激励不当或过度激励，企业应当建立并完善销售提成 / 奖金追索扣回机制 [1]，防范销售人员激进的经营行为和违法违规行为。

---

[1] 招商银行就在 2022 年年报中首次披露，该行去年共有 2876 名员工被追索扣回绩效薪酬，总金额 5824 万元。

例如：公司可以规定出现以下情形的，公司有权将相应期限内已发放的销售奖金全部追回，并止付所有未支付部分，适用对象包括了在职人员、离职人员和退休人员。

（1）公司发生财务报表重述等情形，导致销售提成／奖金所依据的财务信息发生较大调整的；

（2）绩效考核结果存在弄虚作假的；

（3）违反薪酬管理程序擅自发放销售提成／奖金或擅自增加销售提成／奖金项目的；

（4）其他违规或基于错误信息发放销售提成／奖金的。

当我们设计销售提成／奖金追索扣回机制时，应注意以下三点：

第一，结合企业实际情况建立销售提成／奖金追索扣回制度，应对销售提成／奖金追索扣回的适用情形、追索扣回比例、追索扣回方式、工作程序、责任部门、争议处理、内部监督及问责等作出明确的规定。

第二，企业还应健全劳动合同、薪酬管理、绩效考核等管理制度，并履行相应的民主程序[①]，在岗位聘任协议、聘任合同中明确销售提成／奖金追索扣回的权利义务以及争议的处置途径，从而在出现劳动争议时，做到有制度可依。

第三，当发生销售提成／奖金追索扣回的劳动纠纷时，企业需要对追索扣回的事实和理由承担举证责任。企业需要做好相关证据留存工作，必要时可以通过录音、录像以及公证的方式予以固定。

---

① 详见本书第八章中有关规章制度的民主程序之论述。

三、分配（Distribution）：收入与贡献挂钩

（一）直接分配法

直接分配法是指销售人员直接享受由其创造的业绩产生的提成或奖金，不需要与其他成员共享，直接分配法更适合用于销售人员单打独斗的业务场景，不需要团队作战就能搞定客户。

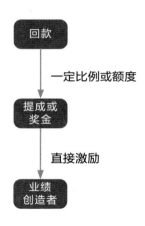

图 6-5 直接分配法示例

（二）二次分配法

当销售模式是需要团队协同作战的，可以是不同销售人员间的协同作战，也可以是销售人员与上下游部门协同作战（如销售与研发、销售与采购等），此时会将所有人员视为一个大团队，先根据大团队做出的销售贡献核算出销售提成 / 奖金包，再根据各团队成员在其中做出的贡献，进行销售提成 / 奖金的二次分配。

常用的二次分配法有以下三种：

1. 分数法／系数法

我们需要搭配绩效考核进行使用，尽可能以量化的指标为主，减少主观评价等人为打分的指标。

分数法：个人奖金 = 个人绩效考核分数／Σ 团队绩效考核分数 × 奖金总额。示例如下：

表 6-4 基于分数法的奖金分配示例

姓名	岗位	绩效分数（分）	奖金总额（元）	个人奖金（元／人）
张某	销售	93		5653
李某	销售支持	90		5471
王某	研发	87	20000	5289
赵某	采购	59		3587
总计	—	329	—	20000

示例中的分数法是比较常见的基础算法，实践中，我们常常会对其进行改造，如进行设障，对于绩效考核分数低于一定标准的，取消其奖金分配的资格。如个人分数 < 60 分的，其奖金按 0 核算，但核算团队分数时按其实际分数核算，示例如下：

表 6-5 基于设障的分数法的奖金分配示例

姓名	岗位	绩效分数（分）	奖金总额（元）	个人奖金（元/人）	最终核发个人奖金（元/人）	剩余团队奖金（元）
张某	销售	93		5653	5653	
李某	销售支持	90		5471	5471	
王某	研发	87	20000	5289	5289	3587
赵某	采购	59		3587	0	
总计	——	329	——	20000	16413	3587

系数法：系数法的整体逻辑与分数法类似，绩效考核系数是绩效考核分数基于一定的逻辑转化而成，再利用系数占比进行奖金分配，用公式表示为个人奖金 = 奖金总额 ×（个人绩效考核系数 / 团队成员绩效考核系数之和），示例如下：

表 6-6 绩效考核系数说明表

绩效考核等级	绩效考核分数（X）	绩效考核系数（K）
A（优秀）	X ≥ 90 分	K=1
B（良好）	80 分 ≤ X ＜ 90 分	K= 绩效分数 /100
C（待改进）	60 ≤ X ＜ 80 分	
D（不胜任）	X ＜ 60 分	K=0

表 6-7 基于系数法的奖金分配示例

姓名	岗位	绩效分数（分）	绩效系数	奖金总额（元）	个人奖金（元／人）
张某	销售	93	1		6968.64
李某	销售支持	90	1		6968.64
王某	研发	87	0.87	20000	6062.72
赵某	采购	59	0		0
总计	——	329	2.87	——	20000

对比分数法和系数法的适用场景，我们在第四章讲绩效工资的分配时有简单介绍，分数法适用于那些考核标准明确、指标量化且易于比较的业务场景。在这种情况下，员工的工作成果可以直接转化为分数，而且这些分数能够较为公正地反映员工的贡献和表现；而系数法适用于那些考核标准较为复杂、指标难以量化或者需要考虑多种因素的业务场景。在这种情况下，员工的绩效可能不仅仅取决于单一的业绩指标，还受团队合作、创新能力、领导力等多维度的评价影响。选择哪种算法取决于公司的战略目标、团队的构成以及希望通过奖金分配实现的激励效果。在实际操作中，也可以结合两种方法，或者根据需要调整考核指标和权重，以达到最佳的激励效果。

2. 奖勤罚懒法

奖勤罚懒法本质上是为了强化绩效优秀与绩效一般的销售人员的差距，常与前面的分数法搭配使用，先用分数法对总奖金包进行分配，如团队中有分数低于门槛值的，总奖金包仍有剩余时，可对团队中绩效分数高于一定标准（如平均分）的成员再激励，两笔奖金之和才是最终的奖金。用公式表示的话，销售个人奖金 = 一次分配奖金 + 再激励奖金 =（个人绩效考核分数 / Σ 团队绩效考核分数）× 奖金总额 +（个人绩效考核分数 / 团队内符合再激励条件的绩效考核分数总和）× 剩余奖金包，举例如下：

案例 6–3 如何利用"奖勤罚懒法"实现绩效工资的激励作用？

已知某公司项目团队各成员绩效考核分数及奖金总额度如下表，公司规定绩效考核分数 < 60 分的，取消奖金分配资格；团队奖金包有剩余的，可对绩效分数 > 团队平均分的成员进行再分配，请利用奖勤罚懒法计算各成员的销售奖金。

表 6–8 项目团队各成员绩效考核分数及团队奖金总额说明表

姓名	岗位	绩效分数（分）	奖金总额（元）
张某	销售	93	
李某	销售支持	88	20000
王某	研发	78	
赵某	采购	59	
总计	—	318	

参考答案：

计算逻辑如下：

① 先基于分数法计算一次分配奖金，其中张某的一次分配奖金 =20000×（93/318）=5849 元，李 某 的 一 次 分 配 奖 金 =20000×

（88/318）=5535 元，王某的一次分配奖金 =20000×（78/318）=4906 元，由于赵某绩效分数 < 60 分，无奖金分配资格，因此赵某的一次分配奖金为 0；

②计算剩余奖金 = 奖金总额 − 一次分配奖金 =20000−5849−5535−4906=3710 元；

③团队绩效平均分 =（93+88+78+59）/4=79.5，四人中只有张某和李某分数 > 平均分，因此，剩余奖金在这两人中进行分配；

④剩余奖金二次分配仍然用分数法，即张某的二次分配奖金 =3710×93/（93+88）=1906 元，李某的二次分配奖金 =3710×88/（93+88）=1804 元；

⑤个人总奖金 = 一次分配奖金 + 二次分配奖金，张某可分配的奖金 =5849+1906=7755 元，李某可分配的奖金 =5535+1804=7339 元，王某可分配的奖金 =4906 元，赵某可分配的奖金 =0 元；整个奖金的分配过程如表 6-9：

表 6-9 基于奖勤罚懒法的奖金分配示例

姓名	岗位	个人绩效分数（分）	奖金总额（元）	奖金一次分配（元/人）	剩余奖金额度（元）	团队绩效平均分（分）	奖金二次分配（元/人）	个人总奖金（元/人）
张某	销售	93		5849			1906	7755
李某	销售支持	88	20000	5535	3710	79.5	1804	7339
王某	研发	78		4906			0	4906
赵某	采购	59		0			0	0
总计	—	318		16290			3710	20000

奖勤罚懒法既实现了激励绩优的人，惩罚绩差的人，充分实现资源向优秀的人才倾斜的目的，同时也对激励总额进行了控制，不会给员工造成"公司做绩效考核就是要扣钱"的误解，这也是新人事团队在给企业客户做薪酬变革时最常用的二次分配方法。

3. 销售过程法

对于某些业务而言，业务成交过程并非一个销售人员跟完全部流程，而是由不同的人承担不同的角色。例如开发—销售—售后三个不同的环节，可能由三个不同的人承担相应的角色，此时可以根据销售总激励额度，按照销售过程中不同人的贡献实施分段激励，示例如下：

表 6-10 基于销售过程法的奖金分配示例

姓名	岗位	销售回款（元）	提成系数	总提成（元）	销售重要性占比	个人提成（元/人）
张某	开发				50%	10000
李某	销售	200000	10%	20000	40%	8000
王某	售后				10%	2000

案例6-4 "销售过程法"如何在销售薪酬中发挥作用？

某公司为消费者提供专业摄影摄像服务，客户 A 在该公司先后进行两次拍摄，两次拍摄服务的成交流程不太一样，具体如下：

表 6-11 客户 A 两次成交的销售流程

	销售人员甲	销售人员乙	销售人员丙
第一次 销售	联系了客户 A，多次交流沟通，介绍公司产品和服务。经过甲的不懈努力，客户 A 终于基本认可了该公司产品	客户 A 路过公司门店，进店后由乙接待，客户 A 花费了 X 元购买了公司产品	提供交付与售后服务
第二次 销售		客户 A 又来到公司门店，同样是由门店销售员乙接待，客户进行了第二次购买，销售额 Y 元	

　　在两次成功的销售中，甲、乙、丙三位销售人员，都认为自己对成功销售是有贡献的。公司要分别对两次销售进行激励，甲表示为达成销售付出很多时间和精力，自己甚至还花销不少；乙表示每次接待客户也付出很多心血，为客户办理销售手续也少不了麻烦；丙表示正是自己专业的交付与售后服务，客户才对公司及产品建立了信心，并再次购买了公司产品。

　　现在三人都认为自己应该得到相应的提成，假设公司的销售提成比例为 a%，你认为应该如何分配销售提成？

　　参考思路如下：

　　我们可以把案例中的销售行为分为三个环节：开发、销售、交付与售后。不同的销售在不同环节发挥的作用是不同的，假设，我们可以做如下的设置：

　　针对第一次销售，各环节业绩贡献度如下：

表 6-12 第一次销售各环节业绩贡献度分配

销售环节	开发	销售	交付与售后
权重	60%	30%	10%

针对第二次销售，各环节业绩贡献度如下：

表 6-13 第二次销售各环节业绩贡献度分配

销售环节	开发	销售	交付与售后
权重	10%	30%	60%

那么，针对两次成交，三位销售人员对应的销售提成为：

表 6-14 两次销售对应销售人员的提成计算

	甲	乙	丙
第一次销售	$X \times a\% \times 60\%$	$X \times a\% \times 30\%$	$X \times a\% \times 10\%$
第二次销售		$Y \times a\% \times 30\%$	
总计	$X \times a\% \times 60\%$	$(X+Y) \times a\% \times 30\%$	$X \times a\% \times 10\%$

四、能力测试与实操练习

请为某消费品公司销售团队设计奖金分配方案：

某消费品公司对销售人员实行的是个人绩效奖金激励，即入职谈薪时确定绩效奖金基数，每个月根据绩效考核完成情况，确定实发的绩效奖金，即实发绩效奖金 = 个人绩效奖金基数 × 绩效考核分数 /100，绩效考核指标包括回款完成率等，2023 年某月绩效考核数据如下表所示：

员工	绩效奖金基数（元／月）	回款目标（万元／月）	实际完成回款（万元／月）	个人绩效得分	团队绩效得分	实发绩效奖金（元）
张三	4000	150	150	100		4000
李四	5000	100	66	66	80	3300
王五	7000	200	150	75		5250
总计	16000	450	366	—	—	12550

目前销售团队的薪酬和掌握的客户资源呈现两极分化现象，老销售绩效奖金基数低，但掌握的客户资源较多，即使每个月完成的业绩比新销售高很多，其到手的绩效奖金依旧比新销售低很多，公司在复盘了解到此情况后，希望将个人绩效奖金制转化为团队奖金包制度，请基于上述情况及数据，为公司构建团队奖金包分配的规则及模型，并请说明优化达到的效果。

🔍输入关键词
"薪酬倒挂"
获取参考答案

本章小结:

1. 设计销售人员的提成／奖金时,我们可以考虑增加边界,通过设计提成／奖金的封顶值或者门槛值,确保薪酬支付的合理性及成本的可控性。

2. 销售人员的提成／奖金支付策略主要包含:后续支付、收尾支付、递延支付、追索扣回。支付方式的选择取决于公司的激励导向、产品的交付周期、服务模式、法律法规要求、财务状况和风险管理等方面的因素。

3. 确定销售人员的提成／奖金后,分配到员工个体时有直接分配法和二次分配法。前者更适合销售人员单打独斗地直接获客并成交场景,后者更适合需要团队协作且产品销售周期较长的场景。使用二次分配法时,可以选择分数法／系数法、奖勤罚懒法、销售过程法中的一种,也可以组合使用。

第七章

CHAPTER 7

配套管理：
让销售薪酬发挥作用

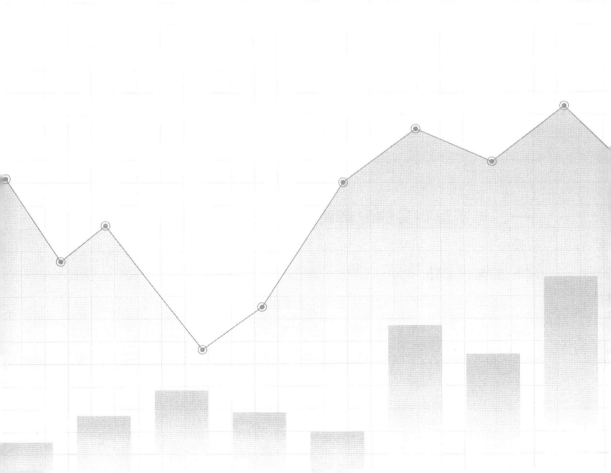

前六章内容聚焦在销售薪酬设计具体的思路、方法和工具，但实际上要发挥销售薪酬的作用，绝对不能仅依凭销售薪酬方案本身，这里面还涉及一些与销售运营管理相关的内容，这些内容并非属于传统人力资源管理的范畴，但如果人力资源人员不花心思去理解，配套的管理设计与处理不当，那销售人员的业绩也不会有质的变化，销售薪酬的作用也不可能得到充分发挥。因此，本章将聚焦销售薪酬的配套管理。

销售薪酬的配套管理主要包括客户差异、客户分配、新人保护、回款管理、坏账损失、产品差价、费用控制七个模块的内容，前三个我们称为"与资源有关的配套管理"，后四个我们称为"与成本有关的配套管理"。

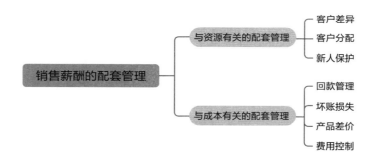

图 7-1 销售薪酬的配套管理框架

一、与资源有关的配套管理

（一）客户差异

不同性质的客户，对销售业绩的影响也是不同的，因此，在设计销售薪酬体系时，应当充分考虑销售人员掌握的客户资源差异问题，常见的客户资源的差异有以下情形：

1. 地理区域

常表现为按照地理区域或行政区域划分，如华东、华南、西北地区等。显而易见，这些区域在客户资源方面是天然存在差异的，如果企业对不同区域采用无差别的激励政策，即默认了这些区域中存在相同的销售机会，那么，公司在确定不同区域的销售目标，或者对销售人员实行跨地区调配时，往往会受到销售人员明里暗里的抵触，或对工作区域挑肥拣瘦。

那么，销售薪酬的设计是否需要考虑地理区域的差异呢？当然需要，但没有必要在所有不同的区域都实行不同的销售薪酬政策，因为这会带来高额的管理成本，最高效的做法应该是在同一销售薪酬框架下进行适度的差异化。我们用一个案例来详细说明地理区域如何影响销售薪酬设计。

案例 7-1 某快消品公司跨地区销售人员薪酬激励设计

某快消品公司业务实行全国布局＋直销模式，销售人员收入由工资＋提成组成，其中 A 区域竞争激烈，营收与利润贡献占公司 40%，当地人员工资水平较高；B 区域竞争不大，营收规模占公司不到 10%，处于亏损状态，当地人员工资水平较低。如果公司实行全国一样的提成标准，以 A 区域营收为基准设计奖金的话，会导致 B 区域销售人员提成部分偏少；若以 B 区域营收为基准设计奖金的话，会导致 A 区域销售人员提成部分偏高。

如何解决此类由区域导致的销售薪酬难题呢？解决思路如下：

假设全国销售人员采用统一的基本薪酬（底薪）标准，那么公司应基于 A 区域和 B 区域分别制定不同业绩目标，并分两个阶段来设计销售提成。

第一阶段：在销售人员未超越本区域的业绩目标前，公司应该基于当地劳动力市场水平向销售人员支付薪酬，对 A 区域而言，该区域的营收规模大且工资水平也较高，故其提成比例可以设置得相对低一点；而对 B 区域，由于营收低和工资低，销售人员的提成比例应设置得高于 A 区域。无论是哪个区域的销售人员，在完成第一个阶段业绩目标之前，销售人员总收入至少要与当地劳动力市场同行业销售人员的平均薪酬水平保持一致，否则，会在人才竞争中处于劣势。

第二阶段：在销售人员超越本区域的业绩目标之后，对于公司而言，我们可以将此阶段实现的业绩目标视为增量业绩，采用统一的提成比例。出于成本控制的考虑，我们可以基于营收高的区域提成比例来设置增量业绩提成，从而保持销售薪酬政策一致性。

无论怎么设计，销售薪酬政策均应保证随着业绩目标完成值的增加，销售人力成本投入减少，从而提升销售薪酬人效。

2. 分级管理

在同一个公司里面，有些销售人员负责营销大客户，有些销售人员负责营销中小客户，甚至为此还组建了不同的销售组织，这个时候，销售人员的激励策略也会随之发生一些变化。

通常来讲，与中小客户相比较，大客户体量大，其需求的订单体量一般也比较大。因此，与负责中小客户的销售人员相比，大客户销售人员的综合素质要求更高，而且大客户所带来的业绩并非完全是销售人员个人努力的结果，相比负责中小客户的销售人员，负责大客户的销售人员的底薪相对较高，浮动激励（提成或奖金）强度反而较低。

如果大客户销售人员和中小客户销售人员执行不同的销售薪酬政策，不大可能出现较大的矛盾与冲突。但是，如果两类销售人员的薪酬在同一套架构体系下，就对设计者提出了较高的要求。

我们来看一下，将不同类型的销售整合到一套薪酬激励机制中去，可能的销售薪酬模型会是什么样呢？详见下表：

表7-1 不同类型销售人员在同一薪酬模型下的激励差异

职级	职务称谓	业绩目标	基本薪酬（底薪）	激励薪酬（提成或奖金）
6	高级大客户销售	↑	↑	
5	中级大客户销售			
4	初级大客户销售	上升	上升	下降
3	高级中小客户销售			
2	中级中小客户销售			
1	初级中小客户销售			↓

综上所示，销售薪酬设计要遵循以下四个逻辑：

（1）销售人员能力越强，职级越高，其业绩目标也更高。

（2）销售人员承担责任越大，即负责的业绩目标越高，其基本薪酬越高。

（3）销售人员负责的客户规模增大，但其投入与业绩增长并非线性关系，故激励薪酬强度将下降。

（4）从薪酬总包的角度来考虑，大客户销售人员总收入通常要高于中小客户销售人员，唯有此才能促使优秀的销售人员去服务大客户。

3. 行业类型

对于同一个公司而言，即使是同一类产品，可能也会面对不同行业的客户，不同行业的客户毛利率存在显著的差异。因此，对于销售团队的组

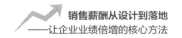
建，通常有以下两种策略：分业销售和混业销售。

前者是按照行业组建不同的销售团队，不同的销售人员负责不同行业的客户销售工作；后者是同一个销售团队，负责所有行业客户的销售工作。无论采用何种销售组织模式，由于销售人员所负责的行业不同，其激励力度也会有所差异。一般来说，毛利率越高的行业，有足够多的资源支配，销售激励力度也会越大。

但是，出于对以下情形的考虑，公司也可以采用同样的激励力度：

（1）不同行业的销售毛利率虽有不同，但是差异不大，我们通常把10% 之内的毛利率差异忽略不计，从而可以极大地降低销售薪酬设计的复杂程度。

（2）与高毛利产品相比，低毛利产品前期的固定资产投入较大，只有持续销售低毛利产品，才能尽快回收过去巨额的固定资产投入，降低低毛利产品的激励力度会导致销售人员直接放弃该类产品，与公司收回投资目标背道而驰。

（3）不同行业销售人员的底薪不同，例如高毛利行业销售人员底薪比低毛利行业销售人员底薪高，故可以使两类销售人员的激励力度保持一致。

4. 销售周期

一般而言，随着销售周期的变长，销售人员薪酬中保障性因素将会得以加强，原因很简单，如果长期没有业绩达成，销售人员更在意的是基本薪酬（如底薪）能否维持生存的问题。因此，销售周期不同，对应的销售薪酬策略也有所不同。

如消费品行业，销售周期短，且转化客户的难度较小，常采用"低底薪 + 高激励"的薪酬策略；如汽车零部件行业，销售周期长，通常需要 1

年甚至更长的时间才能成单，常采用"高底薪＋低激励"的薪酬策略。

让我们通过一个案例，更加深切感受一下客户差异对薪酬策略的影响：

案例7-2 公司新老业务并存，销售人员薪酬如何设计？

某公司早些年从事房地产建筑工程业务，由于近年房地产市场的不景气，公司持续多年亏损，为了扭亏为盈，公司决定开辟新能源工程类的业务。为此，新年伊始，公司通过猎头招聘了大量从事新能源项目拓展的销售人员。由于是通过猎头招聘，再叠加新能源行业火爆行情，招聘来的新人工资普遍是老人的两倍，而提成相同，新老员工之间矛盾重重。招聘的时候公司没有对新人的薪酬结构进行拆分，因此也无法对新人进行绩效考核；若拆分的话，求职者不愿意加入一家亏损的企业。

如果要对该公司销售薪酬进行优化调整，你会如何化解公司面临的问题？

想要解决问题，就必须先摸清楚关键问题所在，该公司的难题本质上是两个问题：第一，新人无法考核，如何解决？第二，内部不公平，如何解决？

从案例背景可以知道，老销售人员更聚焦传统的房地产工程业务，而新销售人员则是聚焦新能源工程类业务，是公司的第二发展曲线。尽管新老销售都是从事工程类业务，但所聚焦的行业不同，可以将其视为两个不同的销售团队，构建两套不一样的薪酬体系。例如聚焦房地产工程类业务的采用"低底薪＋高提成"的激励模式，而聚焦新能源工程类业务的则采用"高底薪＋低提成"的激励模式，以此来解决公司目前面临的问题。

那么，是否有办法不将新老销售分开，而是通过同一套薪酬激励机制统一管理呢？

从薪酬的本质思考，公司应根据员工的价值贡献支付劳动报酬，因此，在公司里面承担更大业绩目标的员工，其薪酬也应相对较高才合理。因此，我们可以构建爬坡式的基本薪酬体系①，公司新业务人员的底薪比老业务人员的底薪要高，前者对应承担的业绩目标也应高于后者。此外，公司即使没有将员工的薪酬结构拆分出绩效工资，也可以通过绩效考核方式，对员工的基本薪酬实施定期的动态调整。绩效考核的结果并不只是应用于绩效工资核算上，更可应用于员工职级的升降、人员的去留等环节。

（二）客户分配

客户是企业最宝贵的资源，大部分企业倒闭，不是因为产品与技术不先进，而是往往死于没有掌握有价值的客户资源。因此，企业的客户资源管理就显得极为重要，企业需要更加精准高效地对客户资源进行管理，尽可能地延长客户生命周期，加速商机转化。

客户资源的有效管理，简单来说，就是实现客户在"公海"和"私海"之间的合理化调配，从而更加有效地挖掘客户价值。客户资源管理主要包括资源分配、资源回收、资源保护三个核心环节，具体见图7-2。

这里所谓的公海，即客户资源归属公司，没有具体的销售人员认领并跟进后续销售事项；而私海，即该客户已经被具体的销售人员认领，由该销售人员全程跟进客户的需求。

---

① 详见本书第三章中《基本工资模型的设计》部分。

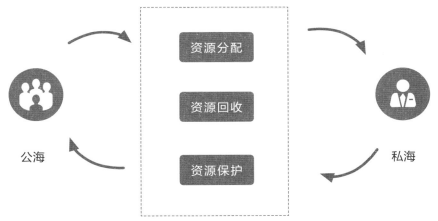

图 7-2 客户资源在公海和私海间的调配

客户资源管理的核心是明确资源在公海和私海调配时的规则，并回答好以下几个重要问题：

1. 资源分配

客户资源是怎么分配的？即销售人员是怎么拥有这些客户资源的？是自己开发还是公司分配？分配的依据是什么？销售人员能领取的客户资源上限是多少？

2. 资源回收

客户资源如何进行流转？什么情况下公司要把客户资源回收？针对这些情况，公司能忍受销售人员无法转化客户的最长时间是多久？

3. 资源保护

销售人员拥有这些资源后，如何实行资源保护，避免其他销售人员私下与客户接触？如果真的发生了私下交易的情况，公司如何处理？

思考清楚这几个问题，基本上就能制定出一套合格的客户资源管理体系了。为了方便大家更好地理解此部分内容，分享一个我们设计过的薪酬案例，在设计销售人员的薪酬时，同时也制定了配套的客户资源管理规则，具体如下（案例7-3）：

案例7-3 基于资源最大化利用原则的客户资源管理体系

表7-2 某科技公司的客户资源管理规则

模块	分类	规则示例	
分配	客户获取上限	高级销售20个，中级销售15个，初级销售10个；已经成交且在服务期内的客户不占用名额	
	连续领取规则	3个月内，不能领取同一个客户；一个自然年度内，最多不能领取同一个客户3次	
回收	主动回收	销售从公海领取了一个客户，联系之后发现暂时没有成交机会，由于不想占用自己的客户额度，便主动退回至公海让别人去领取	
	被动回收	按跟进情况回收	领取之日起7天内无任何跟进的，回收至公海重新分配
		按成交情况回收	60天内没成交的客户，回收至公海重新分配
		因违纪回收	被客户有理投诉的，回收至公海重新分配；公司发现存在收受贿赂等行为的，回收至公海重新分配
		因离职回收	员工离职的，所有客户回收至公海重新分配
保护	私海保护	新接洽客户，应在接洽3天内将客户信息录入系统进入锁定期，锁定期间的客户不进入公海进行分配；对于已被销售锁定进自己私海的客户，即使客户主动找到其他销售，该销售也应转交给对应销售负责人，不得私下联系	
	冻结保护	连续被主动退回N次的客户视为无效客户将被冻结，一定时间内将被"保护"起来，不会释放至公海	

（三）新人保护

新销售人员的业绩产生通常需要一段时间，一般来说，在此阶段企业都不会完全按照正式员工的标准来要求新销售人员，而是会采取一定程度的保护，此阶段称为"保护期"。由于公司业务模式不一，不同公司新销售人员的"保护期"也有长有短，这是销售管理中的客观规律，虽然通过提高销售能力与人力资源管理水平，可以在某种程度上缩短"保护期"，但不能完全消除"保护期"。

因此，在进行销售薪酬设计时，应考虑新销售人员保护期的问题，以确保新销售人员能尽快熟悉业务并且顺利转正。基于咨询实践，我们从是否有差别保护和是否有业绩要求两个角度，把新销售人员的保护模式分为四类，详见表7-3。

表7-3 常见的四种新销售人员保护模式

分类	有业绩要求	无业绩要求
无差别保护	新销售人员的业绩标准较正常的销售业绩标准有一定的折扣	无业绩要求
差别保护	对一定级别之下的新销售人员有打折的业绩要求；对一定级别及以上的新销售人员有正常的业绩要求	只是对一定级别之下的新销售人员无业绩要求

要做好新销售人员的保护事宜，需要回答好以下四个问题：

1. 差别保护

大部分公司对新销售人员都实行无差别保护，执行同样的规则，管理简便、效率较高。但考虑到不少高级销售人员薪酬要求较高，且客户资源积累与一般的新销售人员相比较多，如果都采用无差别保护，对经验不足的新销售人员实际是一种不公平。因此，建议对薪酬水平处于销售团队薪酬 50% 分位或 75% 分位之上的人员取消新人保护，或降低其新人保护的力度。

2. 业绩要求

一般情况下，建议公司在保护期向新销售人员提出业绩要求，业绩要求一般是以标准业绩要求折扣的形式出现。假如中级销售人员正常情况下的业绩要求是回款 10 万元 / 月，对于新销售人员，完成业绩的 60%，即完成回款 6 万元 / 月可视为完成业绩目标。既对新销售人员施加压力，又不至于压垮新销售人员，从而帮助新销售人员以最快的速度适应公司环境。

需要注意的是，保护期期间的业绩要求，并不完全指量化的销售额、回款额、毛利额等财务指标，若公司产品与服务极为复杂，业务类型属于长周期销售的，对于新销售人员而言，出单存在无法逾越的难度，即使在保护期用业绩折扣的方式进行保护，也难以实现新人保护之目标。在此业务背景下，我们建议在保护期，将业绩要求考核转化为关键行为举措考核，如邀请客户来公司参观、邀请客户到公司的样板点参观、与客户的技术团队组织一次技术交流会、双方高层见面等。根据公司的业务形态，提炼出销售人员从接触客户到最终成交必须要做的几件事情作为保护期的考核要求，只要销售人员相应做到了，即使最终没成交或没签订合同，也视为销售人员完成了考核，可以考虑转正，后续再按照正式的销售人员的考核标准进行业绩考核和动态调整。

3. 保护期长短

新销售人员保护期不宜过短，否则将失去保护之本意；亦不能过长，否则容易导致不胜任的销售人员在公司待的时间过长，增加公司的销售人力成本。

正确的做法是：公司可以统计过去销售人员从接触客户到最终成交的平均时长，以此为基础设计本公司的新销售人员保护期，即新销售人员保护期应与业务成交周期基本一致。

4. 保护期与试用期的并行

保护期是企业出于管理需要，希望新人快速熟悉公司业务，实现有效的优胜劣汰而设置的培养期，没有相关硬性的规定，视企业的实际需要进行灵活设计；而试用期是法律上的概念，有最长时间限制，在试用期进行快速的人员甄别与淘汰，对企业来说是成本损失最小的。因此，新人入职后，即同时处于试用期和保护期，企业可以将保护期的业绩目标同时确定为试用期的录用条件（需要在劳动合同中明确约定）。当保护期结束而新人没有完成对应目标，即视为"不符合录用条件"，可解除劳动合同，让不适合、不胜任的人离开公司。

总之，HR 在设计销售薪酬方案时，应结合销售人员的成长周期设置新人保护政策，以下两个示范条款供读者参考：

示例 1：新入职的员工，根据其级别薪资所对应的目标标准，入职当月按照标准的 30% 设定个人目标；入职后的第 2 个月，按照标准的 50% 设定个人目标；入职后的第 3 个月，按照标准的 80% 设定个人目标。其中，P7（高级销售级别）以上的人员不适用于本条规则。

经公司认定为开拓型的团队新员工，可延长新人保护期至 6 个月，其中入职第 1、2 个月按照 30% 设定个人目标，入职第 3、4 个月按照 50% 设定个人目标，入职第 5、6 个月按照 80% 设定个人目标。

示例 2：新任销售人员熟悉与开发市场需要一个过程，故其试用期的前两个月暂不做考核，第 3—5 个月，按照正常考核标准的 60% 进行考核，从第 6 个月起按正常考核标准进行考核。

二、与成本有关的配套管理

（一）回款管理

对任何一家公司而言，无论处于何种发展阶段，回款是销售的根本目标，没有回款的交易是不完整的。回款良好意味着公司的现金流状态良好，凡是没有将回款当作关键点实施管理的，公司的经营迟早都会出现问题，无数的企业销售管理实践都验证了这一观点。因此，销售薪酬设计必须将回款作为关键条款加以关注。一般而言，销售管理中涉及的回款管理主要有以下几个问题：

1. 奖励依据

我们强烈建议企业在设计销售薪酬时，将回款作为计算销售提成／奖金的依据，而不是订货额、发货额、合同额或开票额等。

2. 回款起算

回款起算时间是计算回款是否及时的重要依据，一般可以选择发货时间，或按照公司与客户之间的约定执行。

3. 提前回款

回款时间比约定时间早的为提前回款，对于公司而言，提前回款改善了公司的现金流状况，相当于少占用了现金资源，本质上为公司创造了新的价值，公司应对提前回款予以奖励，奖励标准可以银行贷款利息作为基准上下浮动。

4. 延期回款

回款时间比约定时间晚的为延期回款，公司可以对延期回款予以惩罚，逻辑上相当于挤占了公司的现金资源，惩罚标准可以银行贷款利息作为基准上下浮动。

5. 历史欠款

对于销售人员负责的历史欠款（由公司定义）一般给予专项奖励，但需要避免销售人员出现道德风险，例如：将本来应顺利回款的业绩故意地变成历史欠款。公司在设计销售薪酬时，可以考虑从以下三个角度降低道德风险：

第一，历史欠款的专项奖励低于正常回款的奖励力度；

第二，历史欠款的完成不应纳入日常的销售完成值中，否则会影响销售人员的职级升降；

第三，清欠的跟进人不一定是原销售人员，建议安排其他销售人员或者公司的法务人员跟进。

示范条款：销售人员月度销售提成 = 正常回款提成 + 提前回款奖励 − 逾期货款资金占用费 + 高欠回款专项奖金。具体如下：

（1）正常回款提成 = 月度内提前或正常回款额 × 10%，回款时间以跟客户签订的合同约定为准。

（2）回款不包含延期回款超过 10 个月的高欠回款。

（3）提前回款奖励 = 回款额 × 提前回款天数 × 5‰。

（4）逾期货款资金占用费：未按照合同约定回款逾期 10 个月以内的均视为逾期货款，逾期货款将对责任人收取一定的资金占用费（按照银行综合贷款年利率 8% 计算），资金占用费 = 逾期回款额 × 8%，扣至实际回款月为止，最多扣 10 个月；若逾期货款回款的，则可返还所扣累计资金占用费 × 回款比例（回款比例最高按照 50% 核算）。

（5）高欠回款专项奖金：逾期 10 个月仍未回款的货款即为高欠，销售人员无须再跟进催收事项，由公司统一安排专人跟进。如由新销售人员跟进的，该回款不纳入销售人员个人业绩中。高欠货款回款的，按照回款金额的 5% 给予催收人员奖励。

（二）坏账损失

坏账是指企业无法收回或收回的可能性极小的应收账款。根据《企业会计制度》规定：企业坏账损失的核算应采用备抵法，计提坏账准备的方法由企业自行确定，可以按余额百分比法、账龄分析法、赊销金额百分比法等计提坏账准备，也可以按客户分别确定应计提的坏账准备。

1. 坏账损失定义

一笔应收账款在什么时候才能被确认为坏账，其条件通常是由会计准则或制度给出的，不同公司的规则与标准均有所不同。

2. 坏账损失承担

有的销售人员为了销售业绩盲目赊销，未对相关企业进行调查或者未通过相关部门审批，如果发生坏账风险或者无法回收坏账，该销售人员应当承担具体的责任，比如采取惩罚措施；但如果销售人员履行了相关程序与手续，仍出现了坏账损失，原则上不能让销售人员承担损失赔偿责任，因为公司不能让员工承担企业全部的经营风险。

示范条款：公司确认应收账款超过 3 年的，一律视为坏账损失。销售人员对坏账损失负有责任的，应承担确认的坏账损失的 20%，并在销售人员月度收入中予以扣除，当月收入不足以抵扣坏账损失的，将滚动至次月收入中进行抵扣，直至坏账损失全额抵扣完毕。

（三）产品差价

一般而言，产品销售价格越高越好，公司通常会对高于公司定价的销售行为给予激励，而对低于公司定价的销售行为给予惩罚。因此，在销售薪酬设计中也应考虑到产品差价问题。当然，如果公司的销售人员频繁触及产品差价的条款，说明公司定价机制极有可能出现了问题。关于产品差价，我们可以从以下 3 个方面来思考薪酬设计需要注意的事项：

1. 公司定价公布

公司定价是产品差价确定的基准，是销售薪酬激励的基础所在，公司应在销售薪酬政策中明确定价的确定与公布机制。

2. 高于公司定价

属于公司鼓励的销售行为，公司应在销售薪酬中对此类销售行为予以激励，鼓励员工与公司分享增量收益。

3. 低于公司定价

属于公司不鼓励的销售行为，公司通常会在销售薪酬政策中设置惩罚性的规则，以降低或避免此类行为的发生。

示范条款：公司对产品价格采用动态管理机制，销售人员应在公司制定的基准价格上进行相关营销行为，公司将根据销售人员与客户的成交价格，实行差别化激励。具体如下：

（1）产品基准价格指当月产品结算价与上月网上平均原材料价联动，每个月 2 号由国内业务部、财务部、物流部签发后及时公布。

（2）销售价格高于公司基准价格的，超出部分的 50% 奖励给对应的销售人员。

（3）销售价格低于公司基准价格的，差额部分由销售人员在当月收入中承担，当月收入不足以抵扣的，滚动至次月收入进行抵扣，直至抵扣完毕。

（四）费用控制

设计销售薪酬机制时，需要重点关注费用控制的问题，销售费用作为公司最为重要的销售资源投入，与销售人力成本投入一样，必须追求投资回报率。一般而言，销售费用管理主要有以下三种常见的模式：

1. 实报实销式

好处是不需要花费监督成本，坏处是销售团队中会出现部分试图从业务费用报销中谋取私利的人员，如该现象不及时遏止，可能使不良风气在销售团队内部蔓延。

示范条款：提供虚假报销材料或事项的销售人员，属于严重违反公司规章制度，公司将予以解除劳动关系并不给予任何经济补偿。

2. 定额包干式

支付给销售人员一笔固定数额的钱，以补贴餐费、交通以及住宿费用等，在这种情况下，销售人员往往将销售费用视为收入的一部分。

定额包干的方式是销售费用管理中最为常用的方法，如果进一步细化，还可以将其分为三种子方法，即销售费用与级别高低相关、与业绩大小相关、与业绩性质相关。

（1）与级别高低相关：按照销售人员的不同级别，核定不同费用标准。

示范条款：公司高级销售人员每月销售费用为 3000 元，中级销售人员每月销售费用为 2000 元，初级销售人员每月销售费用为 1000 元，销售费用包括业务招待费、交通以及住宿费用。

（2）与业绩大小相关：销售费用按照一定的比例与业绩挂钩，比例保持不变，或随着业绩增长而降低。

示范条款：销售费用为销售人员当年度销售额的 1%，销售费用包括但不限于业务招待费、交通以及住宿费用等。

（3）与业绩性质相关：将销售费用在存量业绩与增量业绩之间差异分配，且侧重于增量业绩。原因是：第一，对于公司而言，支付销售费用的核心目标是获得增量业绩，而不是存量业绩；否则，公司业绩将裹足不前，不进则退。第二，从逻辑上来看，存量业务消耗销售费用较增量业务少。

示范条款：销售费用与销售人员的当年度销售额挂钩，如当年度销售额≤上一年度销售额，那么销售费用＝当年度销售额对应职级的销售费用标准；如当年度销售额＞上一年度销售额，那么销售费用＝上一年度销售额对应职级的销售费用标准＋超额销售额×1%。

3. 有限制的报销

对销售开支的每个项目设置数额上限，使销售人员在规定范围内支出销售费用。

无论采取哪种模式，其核心都是"多劳多得"，即销售人员完成的销售业绩越好，可支配的销售费用也就越多。

三、能力测试与实操练习

已知某软件公司销售人员过去一年的回款业绩与销售费用如下表所示，已知公司销售费用总额上限为总回款额的 2%。

姓名	年度回款（万元 / 年）	销售费用（万元 / 年）
张三	40	1

续表

姓名	年度回款（万元/年）	销售费用（万元/年）
李四	70	1.5
王五	150	2.5
赵六	200	2.8

问题 1：请计算出上表各销售人员的销售费用率，其销售费用总额是否超出公司销售费用上限？

问题 2：如公司计划今年将销售费用总额下调至总回款额的 1.5%，销售人员完成业绩不变的情况下，其销售费用最多是多少？

问题 3：销售费用总额上限调整为 1.5% 后，公司想要进一步优化销售费用，将销售费用改为基于总销售额的累进计提制，已知公司销售人员分级如下表所示，请你基于公司的需求设计优化方案。

级别	年度回款（万元/年）
初级	（0，80]
中级	（80，150]
高级	（150，+∞）

✦ 本章小结：

1. 销售薪酬激励机制要想落地并发挥作用，需要做好相关的配套管理，主要包含与资源有关的配套管理、与成本有关的配套管理。

2. 设计与资源有关的配套机制时，可以从客户差异、客户分配、新人保护三个维度展开；其中，客户差异包含地理差异、客户分级管理差异、行业类型差异及销售周期差异；客户分配主要包含资源的分配、回收和保护；新人保护主要包含业绩要求及是否差异化保护、保护期长短、保护期与试用期的并行等。

3. 设计与成本有关的配套管理机制时，可以从回款管理、坏账损失、产品差价、费用控制这四个维度展开；回款管理包含奖励依据、回款的起算时间、提前回款、延期回款、历史欠款的相关处理；坏账管理首先需要定义坏账损失，其次是确定销售人员的责任、承担比例及处理方式；产品差价管理分别包含定价公布、销售价格高于或低于公司定价时的处理机制；费用控制的主要模式分别有实报实销式、定额包干式、有限制的报销。

第八章
CHAPTER 8

从设计到落地：
销售薪酬方案管理

薪酬方案设计不等于薪酬方案管理，因为从设计到落地还有相当长的一段距离。一般地，我们把销售薪酬方案的管理分为六个步骤：界定需求、方案设计、数据测算、民主程序、方案宣贯、迭代优化。

尽管前面我们花了很大篇幅介绍各种思路、模型与算法，但这只是薪酬方案管理的其中一个环节，并非完整的薪酬方案管理。因此，本章将系统分享如何一步步帮助客户实施销售薪酬变革。

图 8-1 销售薪酬方案的管理框架示意图

一、界定需求

成功设计与推行销售薪酬方案，首先要搞清楚需求是什么，或者说要解决什么样的问题与痛点。因此，界定需求是薪酬方案管理的第一步。

界定需求常采用问卷法和访谈法，问卷法收集信息效率高，可以快速覆盖更多的被访谈者，但由于表达习惯不同，很有可能出现被访谈者不理解问题而答非所问的情况，或是不理解公司薪酬变革初衷而乱填一通。因此，从信息获取的真实性和有效性来说，我们主张将访谈法作为界定需求时的第一选择。

访谈法可以分为一对一访谈和集体访谈。

一对一访谈保密性更高，被访谈者不用担心自己是否会被秋后算账，因此更愿意倾诉真实的想法，获取的信息也更深入；但一对一访谈比较费时，成本较高，对访谈者的专业要求也是相对较高的。

集体访谈采用一对多的问答模式，所有访谈对象都参与回答，并针对关键问题集思广益，优点是节约时间和成本，但不利于获得详细的、深入的信息，且共同参与的被访谈者可能碍于同事或者上下级颜面，很多时候会隐藏自己真实的想法。

在为企业服务的过程中，我们采用的都是一对一访谈，基于时间考虑，会精心挑选访谈对象，仅对关键人员进行访谈。

（一）如何实施关键人员访谈？

关键人员一般包括以下三类人群：

（1）高层管理人员：主要了解公司的战略目标和商业逻辑，收集对现行方案的意见以及对未来销售方案的建议，了解公司对销售人员的业绩期望和薪酬基准等。

（2）人力资源部门：了解当前销售薪酬方案是如何执行的（一般需要对现行薪酬方案的条款进行逐条解释，制度规定与实际执行不一致是一种常态，只有执行的人进行讲解，才能最快速掌握要点），了解哪些方面需要改进和销售薪酬有关的配套政策等。

（3）销售人员、销售管理者：了解销售工作是如何开展的，价值创造的关键环节有哪些（这一信息非常重要，最好在访谈结束后画出该价值创造的流程图，重点标注出其中的关键环节），销售人员对现行方案的看法，评估他们对现行方案的理解程度，收集他们关于优化方案的建议等。

要注意的是，此处的"销售人员"并非指团队中所有的销售人员，要始终秉持优中选优的宗旨，挑选业绩表现突出的销售人员进行访谈。

在访谈顺序的安排上也应精心设计。建议：首先对人力资源部门进行访谈，重点了解现有激励规则；其次对销售人员访谈，了解业务特点和薪酬绩效痛点；最后对公司高层进行访谈，了解公司战略与期望。层层递进，逐级对信息进行过滤，才能掌握最真实的需求。

（二）如何提出有价值的问题？

访谈提纲是进行访谈的主要依据，访谈提纲设计得是否合理，提出的问题是否有价值，直接关系到访谈的结果。一般来说，提出问题比回答问题更困难，提出一个好的问题意味着需要深入的思考，要对问题存在的领域有较为深入的了解，否则提出的问题对解决困境毫无用处。但有访谈提纲不代表必须照本宣科，更重要的是根据被访谈者现场的反应和回答刨根问底，问得越详细越好。

所谓有价值的问题，可以从以下三个角度切入：

（1）深度提问：从对方的角度，沿着对方的思路发展下去，找到一个疑问点提出问题。

如我们在服务某消费品公司时，销售总监反映"我们公司销售人员基本上都是吃老本，开发新客户的动力不足"，正常逻辑是，一个人吃老本，那可能是这个人的问题，但如果是一群人吃老本，那就是机制或者机制的导向存在问题。因此，我们会追问"公司销售人员底薪是否偏高"或"底薪＋原有客户的提成后，销售人员总收入较高"。如果销售人员现有的固定收入足够支撑日常生活，且不开发新客户对现有收入没有任何影响，如何有动力去做开发新客户的事情？

（2）高度提问：把对方的观点归纳提升拔高，提出更具概括性、更深刻的问题。

举例说明，当某汽车零部件企业的总经理提出"公司内部设置有两个销售团队，分别面向燃油车和新能源车的客户。目前，燃油车业绩下滑厉害，而新能源车市场还未完全打开，我们应如何对销售薪酬进行调整"的问题，看似在询问薪酬如何重新设计，但透过现象看本质，燃油车业绩下滑，是否有一天公司会直接暂停燃油车的业务？这个阶段又需要多长时间？专门面向燃油车的销售团队是否还有必要单独存在甚至继续存在？因此，我们要追问的是"公司未来市场机会在新能源市场，两个销售团队会实现融合变成一个销售团队吗"，找到问题，本质上就已经解决了一半的问题。

（3）广度提问：既遵循对方的思维逻辑，但又跨领域跳出框架提问，既出人意料，又在情理之中。

举例说明，当某科技公司的人力资源部吐槽"我们公司销售人员业绩不好，动力不足"时，如果思考的点集中在动力不足方面，例如是否底薪或者提成系数太低、提成兑现周期过长等常规因素，那说明思维仍停留在薪酬设计领域，毕竟调整底薪等策略，只能治标不治本。因此，需要刨根问底"公司的销售模式是怎样的？独立销售还是协同销售？业绩不好的原因是什么"，将问题背后的逻辑、原因一步步深挖出来。最终才知道，公司的销售模式是团队作战，过去销售业绩好是因为研发人员协同打单做得不错，但近两年研发团队人员流失严重，新招聘的研发人员技能不如原来的研发人员，无法快速响应销售人员、交付客户的需求，才导致销售人员业绩不好。因此，本质上需要进行薪酬优化的不是销售团队，而是研发团队。

能够提出有价值的问题是一种能力，这种能力并不是看几本书就能掌握的，建议人力资源部的同事要走出办公室，多与业务部门的同事交流，才能真正做到透过现象看本质。

（三）如何对现状进行评估？

访谈结束并不是真的结束，通过访谈发现问题之后，还需要通过收集事实与数据来验证，而不是简单地人云亦云。为此，需要对公司销售薪酬体系及其相关模块进行全面评估，一般来说，评估的对象与目的大致如下：

表 8-1 销售薪酬体系评估的对象及目的

评估对象	评估目的
销售薪酬体系	·收集现行的销售薪酬制度与流程 ·收集至少最近 1 年的薪酬与业绩数据，并分析其关联性 ·收集竞争对手公司销售人员的薪酬数据，并分析是否有竞争力
销售绩效体系	·收集至少最近 1 年的绩效与业绩数据，并分析其关联性 ·收集销售绩效考核指标，并明确是否支持战略达成
销售人事体系	·收集至少最近 1 年的销售人员流动数据（主动离职与被动离职），并分析离职人员的业绩表现情况 ·收集至少最近 1 年的销售人员职级升降数据，分析是否符合多劳多得、少劳少得的原则
销售配套管理	·收集销售管理配套政策（回款、客户、费用等），并分析其对业绩的影响
备注：所谓关联性分析，即分析薪酬资源的投入是否可以带来销售业绩的增长。	

到这一步，才能够把企业进行薪酬变革的真正需求界定清楚，基于此真实需求进行方案设计，才能真正帮助企业走出困境。

下面是某科技公司电话销售薪酬设计遇到的一个难题，各位 HR 可以场景代入一下，尝试利用前述知识进行问题分析。

案例8-1 如何用薪酬设计实现产假销售人员业绩逆转？

某公司主要采用电话销售模式，因为工作性质，90% 的销售人员为女性。近年来，随着生育政策的逐步放开，公司不少女员工先后进入了二胎生育期，大部分女员工在休完产假之后，都申请离职，而这些女员工往往是富有经验的销售人员。老板认为为女员工产假期间支付的人力成本过高，对人力资源部门提出要求将男性员工的比例提升到 50%，但由于公司所处的行业以及工作性质，市场上大部分的候选人都是女性，老板下达的任务几乎无法完成。

已知公司产假期间销售薪酬政策是：为了更好地服务客户，员工休产假期间，待续约的客户移交给未休假员工，休假女员工未服务客户无提成；又因为客户不是代为服务的员工自己的，故提成比例减半发放。

问题 1：通过提升男性员工的比例能解决该公司的问题吗？

问题 2：女员工休产假是否是该公司人力成本较高的原因？

问题 3：真正的原因是什么？你会如何处理？

Q 输入关键词
"产假薪酬设计"
获取参考答案

二、方案设计

完成界定需求后，我们掌握了公司目前最需要解决的问题，就可以进入销售薪酬方案设计的工作了。根据我们的咨询经验，即使有解决思路，也不建议立刻行文，而是将解决思路 PPT 化，并与公司高管、销售、人力以及财务进行思路讨论，达成一致后再进入下个阶段"数据测算"。

至于具体方案如何设计，前面七章已经进行了详细介绍，本章节不再赘述，大家反复研读前面内容即可。

三、数据测算

与公司各部门进行思路讨论后形成的方案，并不等于正式定稿，在正式定稿前一定要进行数据测算，从而确保薪酬方案跟设计初衷保持一致。如果测算结果不理想，就需要重新调整之前讨论过的销售薪酬模型和算法，甚至有可能推倒重来，直到满足公司的战略要求。

数据测算是销售薪酬设计中最困难的环节，不少 HR 一头雾水，缺乏思路与方法。有效的数据测算应该如何做？该从哪些维度切入？从我们为客户提供管理咨询的实践来看，好的销售薪酬数据测算至少需要做到以下三个方面：

（一）基于个人的测算

重点关注优秀销售人员的升降情况、升降人员占比以及升降的幅度。测算的维度包括但不限于：

（1）销售人员在同等业绩下的薪酬变化：对于绩优的销售人员，薪酬应该是上升的；而绩差的销售人员，薪酬应该是下降的。以此激励绩优的销售人员，重点打击绩差的销售人员。

案例8-2 新旧销售薪酬方案切换时怎么测算？

某公司两位大客户经理的 2020 年销售业绩及年度总薪酬如表 8-2 所示。公司现对薪酬激励体系进行优化，优化后薪酬结构仍为基本薪酬 + 业绩提成，对应标准如表 8-3 所示。请测算两位销售人员在新激励方案下的年度总薪酬，并说明其变化。

表 8-2 销售人员 2020 年销售业绩及年度总薪酬

销售人员	2020 年订货金额（万元）	2020 年年度总薪酬（元）		
		基本薪酬	业绩提成	小计
张三	214	72000	42800	114800
李四	884	69696	176800	246496

表 8-3 新激励方案规则

职等	职级	月度基本薪酬（元 / 月）	年度订货金额（万元 / 年）	提成系数
高级大客户经理	S9	8000	1200	
	S8	7500	1080	
中级大客户经理	S7	7000	960	
	S6	6500	840	
	S5	6000	720	2%
初级大客户经理	S4	5500	600	
	S3	5000	480	
	S2	4500	360	
观察期	S1	2200	0	

张三 2020 年完成的订货金额为 214 万元，在新激励方案中，未能达到 S2 等级要求的 360 万元，因此，在新方案下，张三的职级定位为 S1，其年度总薪酬 =2200×12+214×10000×2%=69200 元。

同理，针对李四，在新方案下，其职级定位为 S6，可计算出其年度总薪酬 =6500×12+884×10000×2%=254800 元。

新旧激励方案下，两位销售人员的年度总薪酬对比如下：

表 8-4 新旧方案下年度总薪酬变化说明

销售人员	旧方案下年度总薪酬（元）	新方案下年度总薪酬（元）	新方案年度总薪酬增长变化（元）
张三	114800	69200	−45600
李四	246496	254800	8304

结论：对于业绩表现较差的张三，其年度总薪酬在新方案中会下降，而业绩表现尚可的李四，其年度总薪酬在新方案中会上升，导向多劳多得。

（2）同一销售人员基于动态调整的薪酬变化：不同行业不同销售周期，动态调整的时间是不一样的，必须基于动态调整的薪酬变化，确定最终调整的周期。

案例 8-3 某智能设备公司动态调薪机制合理性分析

某智能设备公司销售人员薪酬调整规则为：每个月根据过去 6 个月的月均业绩动态调整至业绩对应的职级和薪酬。该公司销售人员业绩目标与

基本薪酬的对应关系及 2021—2022 年各月业绩明细分别如表 8-5、表
8-6 所示，请结合相关数据，分析判断该公司的动态调薪机制是否合理？
如果不合理，请说明你的理由以及优化建议。

表 8-5 销售人员业绩目标与基本薪酬的对应表

职位名称	职级	月度基本薪酬 （元/月）	月均业绩标准 （万元/月）
大区总监	S7	21000	1000
	S6	18000	800
城市经理	S5	15000	600
	S4	12000	450
销售经理	S3	10000	300
	S2	8000	200
	S1	6000	100
销售助理	S0	2360	0

表 8-6 销售人员 2021—2022 年各月业绩明细

月份	2021 年（单位：万元）					2022 年（单位：万元）				
	销售 1	销售 2	销售 3	销售 4	销售 5	销售 1	销售 2	销售 3	销售 4	销售 5
1 月	0	0	0	0	500	3000	0	0	1200	0
2 月	0	0	780	0	122	0	0	0	0	0
3 月	0	0	450	420	0	0	0	0	0	50
4 月	0	0	0	124	0	0	0	0	0	0
5 月	4000	1000	0	400	0	0	0	0	0	0

续表

月份	2021 年（单位：万元）					2022 年（单位：万元）				
	销售1	销售2	销售3	销售4	销售5	销售1	销售2	销售3	销售4	销售5
6 月	0	3200	0	900	0	0	0	0	0	0
7 月	0	0	0	0	0	0	0	0	0	0
8 月	0	1200	0	0	0	0	0	3000	0	3000
9 月	0	0	0	0	0	5500	500	0	0	0
10 月	0	0	0	0	125	0	1500	0	1200	0
11 月	0	0	1000	0	820	0	0	0	0	0
12 月	0	3600	2000	0	0	0	0	500	500	0
合计	4000	9000	4230	1844	1567	8500	2000	3500	2900	3050

参考答案：在每个月根据过去 6 个月的月均业绩进行动态调整的机制下，多位销售人员多次月度薪酬会降至最低档，对销售人员的打击较大，建议调整为每个月根据过去 9 个月的月均业绩进行动态调整。

动态调整是一种全新的调薪机制，对此有了解的人力资源从业者着实不多，尽管在案例最后告知了大家测算结论，但测算过程才是重点，建议各位读者朋友基于上述相关数据按照自己的思路进行测算，感受动态调整的魅力。

（二）基于人效的测算

重点观察人力成本占业绩比重的变化，即人力成本的投入产出比变化，以及优秀销售人员年度总收入与个税临界值的关系。测算的维度包括但不限于：

（1）不同级别销售人员对应业绩下薪酬变化：从整个体系来看，级别越高的销售人员，其人力成本占业绩比重应该是越低的，否则，公司业绩越好，公司获得的收益越小。

如下表所示，从初级销售人员到高级销售人员，年度基本薪酬在上升，对应的年度签单金额（即销售人员对应需要承担的业绩目标）也在上升，其年度总薪酬也在上升，但年度总薪酬占年度签单金额比重在下降。

表 8-7 销售人员人力成本占业绩比重测算

职等	职级	年度基本薪酬（万元/年）	年度签单金额（万元/年）	提成系数	年度奖金合计（万元/年）	年度总薪酬（万元/年）	年度总薪酬占年度签单金额比
高级	S7	27.60	3600		72.00	99.60	2.77%
	S6	24.00	3000		60.00	84.00	2.80%
中级	S5	20.40	2400		48.00	68.40	2.85%
	S4	16.80	1960	2%	39.20	56.00	2.86%
初级	S3	13.20	1440		28.80	42.00	2.92%
	S2	9.60	960		19.20	28.80	3.00%
	S1	6.00	600		12.00	18.00	3.00%

（2）不同级别销售薪酬对应个税影响：从目前的个人所得税政策来看，销售人员工资薪金所得采用年度汇算清缴机制，基本上不存在个税临界值太大的问题。唯一要关注的是年终奖个税优惠政策继续执行时，年终

奖设计务必要小心：多发 1 元，销售人员的年度总收入就可能跨档，需要承担的个税也因此上升，因此要重点关注年终奖个税的临界值。

（三）基于业绩的测算

重点关注业绩增量与薪酬增量之间的关系。测算的维度包括但不限于：

（1）维持目前薪酬水平要实现的业绩数据：一般来说，付出同样的人力成本，公司要求达成更大的业绩。

如旧方案下，销售人员年薪 30 万元需要完成 1000 万元的业绩，那么，进行薪酬变革后，销售人员想要维持年薪 30 万元，可能需要完成 1100 万元甚至更多的业绩。

（2）不同业绩达成率下的薪酬数据变化：如业绩目标是 100%，那么，完成 60%，薪酬数据会发生什么变化？完成 80%，薪酬数据又会发生什么变化？按照正常的设计逻辑，随着业绩完成度的提升，薪酬也是正向增加的，但薪酬增长的幅度应该小于业绩增长的幅度。

案例8-4 如何通过人效分析判断销售薪酬合理性？

某公司销售人员薪酬结构 = 基本薪酬 + 提成，具体标准如下表所示，已知某销售人员 2023 年的回款目标为 840 万元，请计算销售人员业绩完成率为 60%、80% 及 100% 时的年度总薪酬及其占业绩比重，并分析该激励方案设计是否合理。

表 8-8 薪酬激励标准说明

职等	职级	月度基本薪酬（元／月）	年度回款额（万元／年）	提成系数
高级大客户经理	S9	8000	1200	
	S8	7500	1080	
中级大客户经理	S7	7000	960	
	S6	6500	840	
	S5	6000	720	2%
初级大客户经理	S4	5500	600	
	S3	5000	480	
	S2	4500	360	
观察期	S1	2200	0	

参考答案：

首先，计算该销售人员在不同业绩完成率下的年度总薪酬及其占业绩比重，结论如下表所示：

表 8-9 销售人员在不同业绩完成率下的年度总薪酬

业绩完成率	年度回款额（万元）	年度基本薪酬（万元）	年度提成（万元）	年度总薪酬（万元）	年度总薪酬占回款比重
60%	504	6	10.08	16.08	3.19%
80%	672	6.6	13.44	20.04	2.98%
100%	840	7.8	16.8	24.60	2.93%

由表 8-9 可知：随着业绩完成率增大，销售人员完成的回款额在增加，对应的年度总薪酬也呈正向增长，但年度总薪酬占回款额比重在逐渐下降，说明该人力成本的增加不是来源于公司给销售人员直接加薪，而是销售人员努力，把业绩盘子做大而获得的更大收益。

其次，计算业绩增幅与薪酬增幅趋势，结果如下表所示：

表 8-10 业绩增幅与薪酬增幅

业绩完成率	年度回款额增幅	年度总薪酬增幅
60% → 80%	33%	25%
60% → 100%	67%	53%
80% → 100%	25%	23%

在不同的业绩完成率变化下，年度总薪酬的增幅总是小于年度回款额的增幅，是良好的趋势。

综上所述，从该销售人员各项薪酬测算结果来看，该激励方案是相对合理的。

测算完毕后，薪酬方案才算设计完成，才能够真正对外公布，正式实行。

四、民主程序

民主程序是薪酬方案管理中最重要的环节之一，但往往也是最被忽视的环节。从我们为企业提供咨询服务的经验来看，很多企业对民主程序都存在不小的误解，认为民主程序就是公司"送"给员工的一把刀，即公司做了民主程序，但员工不同意方案内的内容，公司便不能将方案落地执行，折腾一番落不着好，还不如不做。因此，不少"完美的制度"都因为不完善的民主程序而背负违法的罪名，甚至还让公司承担巨额赔付。

那么，民主程序到底应不应该做？是否所有制度都需要民主程序？具体要怎么做？员工不同意制度内容应该怎么处理？我们一一解答。

首先，不是所有的规章制度都必须经过民主程序，《劳动合同法》第四条对应该履行民主程序的规章制度范围做了明确规定，即"有关劳动报酬、工作时间、休息休假、劳动安全卫生、保险福利、职工培训、劳动纪律以及劳动定额管理等直接涉及劳动者切身利益的规章制度或者重大事项"。薪酬制度隶属该范围，原则上应履行民主程序。

民主程序如何进行，《劳动合同法》第四条也做了详细的规定，具体分为三个环节，详见下图：

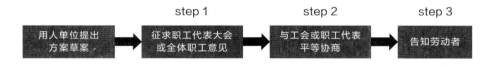

图 8-2 中国企业规章制度的民主程序示意图

（一）征求意见

一般来说，如果制度涉及的范围广、人数多，则会采用职工代表大会的形式，但职工代表大会也有具体的规定，如职工数量要求、男女比例要求、任期要求等，维护起来相对复杂，具体可以查看《企业民主管理规定》，此处不赘述。如果人员不多且相对比较集中，全员征求意见会更加高效。

要格外注意的是，在民主程序的各个环节，都要做好相应的程序文件留存，如后期发生劳动争议，这些程序文件将成为呈堂证供，为制度的合法性背书。

　　征求意见环节主要就是收集员工对方案草案各条款的意见，主要用到的便是《××制度修订征求意见汇总表》[1]，可参考模板如下：

×××有限公司

××制度修订征求意见汇总表

制度修订部门		征求意见发布日期		征求意见截止日期	
征求意见发布的载体			参与征求意见人员		
征求意见反馈（建议修订事项）					
部门	姓名	意见			签名／日期

---

[1]　需要注意的是：在征求意见过程中，即使员工没有意见，也应要求员工填写"没有意见"。

（二）平等协商

通过会议的模式对员工的意见进行平等协商，与员工逐条讨论其意见的可行性。员工提出的合理化建议，应予以采纳与修订；员工提出的建议目前无法执行的，将根据公司发展情况，在合适的时间再执行；员工提出的建议不合适的，可以将不采纳的理由反馈给员工，最终根据协商的结果，形成民主协商会议纪要。

因此，平等协商不等于要完全采纳员工的意见，《深圳市中级人民法院关于审理劳动争议案件的裁判指引（2015）》第七十三条"《劳动合同法》第四条第二款规定的'平等协商确定'主要是指程序上的要求，如果平等协商无法达成一致，最后决定权在用人单位。如该规章制度违反法律法规的规定，给劳动者造成损害的，劳动者可依据《劳动合同法》第八十条寻求救济"也证实了这一点。企业千万不要认为民主程序就是洪水猛兽，害怕履行制度建设的民主程序，从而导致公司的规章制度无法成为员工管理的依据。

平等协商会议的组织与实施，需要将协商的时间、地点、主题、参会成员、协商结果等内容整理成《民主协商会议纪要》；会议结束后，参会成员需要在该会议纪要上签字确认，参考模板如下：

×× 公司
民主协商会议纪要

会议时间：

会议地点：

会议主题：×× 制度（征求意见稿）讨论

会议主持人：

会议参与人：

会议记录人：

会议议程及发言纪要：

一、××年××月××日上午××点，××公司发出通知，就××制度（征求意见稿）进行了公示，并连续 _____ 天向全体员工征求意见，与会代表对其向全体员工征求意见的事实予以见证；

二、与会代表认为，××制度（征求意见稿）基本合理，符合用工管理需要，并同时指出，希望公司在如下事项上做进一步的改善：

1._____

2._____

3._____

三、公司管理层对以上建议和意见作出如下回应：

1._____

2._____

3._____

四、与会员工代表和公司管理层基于相互理解和员工与企业共同发展的理念就下列问题达成共识：

1._____

2._____

3._____

日期：_____ 年 _____ 月 _____ 日

记录人（签字）：_____

与会代表（签字）：_____

（三）告知签收

最后，制度定稿后要公示出来，告知员工并且要员工签收，千万不能成为抽屉制度。公示也不是简单地在公司公告栏张贴或通过 OA 系统、电子邮箱发布，最好的方式是采用培训的方式，有培训记录、签到记录、制度签收记录、拍照录像等一系列配套文件，才能确保规章制度有效落地与实施，参考模板如下：

×× 公司
正式制度公示签字确认页

本人确认：

我已认真阅读并理解了公司 ×× 制度（文件各页已盖骑缝章），认可前述制度的各项内容，存疑之处已获得公司相关人员的解释，本人承诺在公司工作期间自愿遵守公司制度，愿意接受公司依据前述制度对本人进行管理。

承诺人（签名）：_____

_____

_____

_____

_____

_____

_____

日期：_____ 年 _____ 月 _____ 日

五、方案宣贯

销售薪酬方案宣贯，是与员工进行充分沟通的重要手段，也是决定销售薪酬方案成败的关键因素。需要注意的是，宣贯工作不是从销售薪酬方案定稿的时候开始，而是从启动销售薪酬方案变革开始，具体来说有以下三个重要的组成部分：

（一）宣传

就薪酬变革方案进行预热，将变革原则、思路与方法向相关员工进行传递。首先要对销售薪酬变革的基本原则进行确定，这决定薪酬设计思路与策略，也会极大地影响方案设计大方向。

例如：下图是我们为某公司客户提供销售薪酬变革咨询服务时，在内部公开的薪酬变革的基本原则。

简化统一	促进公平	激发活力	平稳过渡
合并简化薪酬制度，统一薪酬科目与核算标准，降低管理成本	推动同工同酬，规则透明，不让优秀的人才吃亏与流失	通过薪酬设计，实现员工收入能上能下，提升组织活力与员工激励	对人力资源管理合规审计，降低风险，稳步推进薪酬绩效变革

图 8-3 某公司销售薪酬方案变革四大原则

其次，当销售薪酬方案的定稿出来后，还可以公布方案的 Q&A，对员工关心的问题予以解答，可以有效降低内部沟通成本，尤其是员工众多的公司。一个完整的 Q&A 包括的项目如下：

（1）工资制度改革的目的是什么？

（2）工资制度改革的基本原则有哪些？

（3）工资制度改革是不是涨工资 / 降工资？

（4）工资制度改革的工作步骤有哪些？

（5）工资制度改革试点范围是如何确定的？

（6）工资制度改革中，各级组织的职责分工是怎么样的？

（7）新的工资制度主要包括哪些工资单元？

（8）新的工资制度中的岗位职级与原职级有什么关系？

（9）为保证工资改革平稳过渡，采取了哪些具体措施？

（10）工资制度改革后，员工收入将会有什么样的变化？

（11）工资制度改革后，员工收入增长的途径有哪些？

（12）工资制度改革后，还需要制订和完善哪些配套政策？

（二）培训

即使是再简单的销售薪酬方案，其中也有诸多细节需要各级员工掌握，培训就是极为有效的一种方式，也是民主程序中"告知"的重要手段之一，要充分利用。培训对象及内容包括以下三种：

（1）管理团队培训：由人力资源部进行培训。

培训对象：高层、销售管理者、人力、财务相关人员。

培训内容：原则、目的、策略以及测算数据等。

（2）销售人员培训：由各销售团队的管理人员进行培训，通常都在销售管理人员完成测试并取得合格成绩后开展。

培训对象：全体销售人员。

培训内容：销售薪酬方案的各类详细规则，让其理解与支持销售薪酬变革。

（3）新员工培训：由人力资源部进行培训。

培训对象：新入职的销售人员。

培训内容：同（2）销售人员培训。

（三）测试

对于任何一个销售薪酬方案而言，若各级管理人员无法掌握方案的精髓，前面做了再多工作亦枉然，更不用说执行到位发挥作用了。因此，有必要对各级管理人员进行方案关键细节的测试，且测试结果将直接影响其薪酬。具体可参考案例8-5。

案例8-5 某互联网公司销售薪酬考试方案

1. 考试对象及范围

表 8-11 考试对象及范围

部门	考试人员	考试范围（与制度清单序号对应）
××事业部		（1）/（2）/（3）/（6）/（7）/（8）/（9）/（10）/（11）/（12）/（13）/（14）/（15）/（16）/（17）
大客户中心		（1）/（2）/（3）/（6）/（7）/（8）/（9）/（10）/（11）/（14）/（15）/（16）/（17）
运营管理中心		（1）—（17）
技术研发中心		（1）/（2）/（3）
产品运营中心		（1）/（2）/（3）
人力行政中心		（1）—（17）

248

考试范围中的制度编号如下，具体制度可以查看 OA 或向直接上级等咨询：

（1）《绩效考核管理办法》

（2）《关于对新进（晋）管理人员实行工作规划评审的通知》

（3）《关于加强员工考勤、业绩与绩效公示工作的通知》

（4）《电销人员考核激励管理办法》

（5）《关于明确销售人员代理业绩核算规则的通知》

（6）《KA 销售人员考核激励管理办法》

（7）《关于对＜ KA 销售人员考核激励管理办法＞优化的通知》

（8）《关于明确销售管理人员 KPI 指标的通知》

（9）《交付人员考核激励管理办法》

（10）《销售管理人员考核激励管理办法（1 类）》

（11）《关于对＜销售管理人员考核激励管理办法（1类）＞优化的通知》

（12）《销售管理人员考核激励管理办法（2 类）》

（13）《关于对＜销售管理人员考核激励管理办法（2 类）＞优化的通知》

（14）《关于对垂直管理的行业实行销售管理激励的通知》

（15）《关于 IT 互联网行业实行集中化运营管理的通知》

（16）《关于鼓励销售人员产假期间拓展业务的通知》

（17）《关于对中高级销售人员实行提成预存账户管理的通知》

2. 考试时间：

本部人员：7 月 13 日（周三）15:30—16:30，总部 4 楼培训教室

外地分支负责人：7 月 14 日（周四）15:30—16:30，总部 4 楼培训

教室

3. 本次考试采取闭卷笔试的方式，题目以客观题为主，每题分数相同，每个制度均设计相关题目，参考人员应完成本人所在考试范围的所有题目，如：考试范围为（1）（2）（3），则（1）（2）（3）的全部题目总分为 100 分；若考试范围为（1）—（17），则（1）—（17）的全部题目的总分为 100 分。

4. 本次考试 70 分为及格线，未通过考试的，公司组织一次补考，补考采取面试制，由公司总裁亲自面试，试题随机。补考成绩仍低于 70 分的，其 7 月绩效视为不合格，扣发 7 月全部绩效工资。

5. 本次考试出现作弊的，视为严重违反公司规章制度，扣罚 Q3 全部绩效工资。

6. 本次考试由总部人力行政中心 ×× 负责，若有任何疑问，请咨询 ××。

众人拾柴火焰高，销售薪酬方案的设计是由人力资源部门主导而不是单独完成，HR 要充分调动各方力量，将游离在外部的人会聚起来，使之成为利益共同体，共同推动销售薪酬方案的落地。

六、迭代优化

从本质上看，迭代优化是对前五个环节的再循环。讨论再充分的方案，在落地执行时也会遇到超出意料的问题。因此，在销售薪酬方案的执行过程中，要密切关注各销售人员的反应，监测与收集薪酬与业务数据，如遇到新的问题，要及时打补丁。

我们曾经为某互联网公司提供销售人员的薪酬变革方案，在方案落地推行的半年时间内，密切监测数据变化，并及时打了 12 个补丁，让原本有后顾之忧的销售人员主动发挥潜能，超过 60% 的销售人员主动要求提高业绩目标，全员月平均收入超过 10000 元，并实现了快速的优胜劣汰。即使该方案已经执行了 7 年之久，公司的销售管理人员已经更新迭代了好几任，但依旧激励性十足。

七、能力测试与实操练习

某涂料公司内部管理风波不断，销售人员频频投诉激励政策，公司要求人力资源部进行优化，目前人力资源部已拟定初稿，将于近期展开民主程序，人力资源部门拟定的民主程序流程如下：

1. 初稿讨论：与销售管理层进行讨论，征求用人部门的意见，并进行修订。

2. 汇报定稿：修订稿敲定后，向总经办汇报，获得各领导班子的审批后执行。

3. 公示告知：将新制度在公司公告栏进行张贴，张贴时将制度与当天的报纸进行拍照留底，同时对销售人员下发通知，要求其在指定时间前进行查阅。

请指出上述销售薪酬制度中民主程序存在的问题，并说明原因。

输入关键词
"民主程序"
获取参考答案

本章小结：

1. 销售薪酬激励的变革从启动到成功落地，需要经历六个阶段，分别是界定需求、方案设计、数据测算、民主程序、方案宣贯和迭代优化。

2. 界定需求时需要实施关键人员访谈，通过有价值的提问挖掘真实的需求。

3. 方案设计就是初步构建薪酬模型并以文稿的形式输出，并与销售薪酬利益相关方达成一致意见。

4. 数据测算是方案设计成功的关键，主要包含基于个人的测算、基于人效的测算以及基于业绩的测算，根据测算的结果确定或者调整方案模型或算法。

5. 民主程序是方案合规落地的必经程序，可以帮助企业提前规避风险，从而使销售薪酬落地与执行风险更低。

6. 方案宣贯并不是等方案要落地推行时才宣贯，而是从启动时就应该宣传，从前期的访谈到方案设计、测算等环节，尽可能多地让员工知悉、积极参与并反馈意见，统一认知。这样，方案落地推行的阻力会小很多。

7. 薪酬激励机制能够发挥作用并不是一个方案就能解决的，而是在机制运转的过程中，通过对业绩、薪酬绩效及人工成本等数据的监测，对方案进行不断地迭代优化，动态地匹配当前的业务发展。

第九章

CHAPTER 9

风险防范：
销售薪酬管理不踩雷

销售薪酬设计不仅要考虑激励性问题，同时还必须符合法律法规之要求。本章节将探讨销售薪酬设计与实践过程中的高频风险，旨在帮助企业和人力资源从业人员更好地识别与防范风险，确保销售薪酬设计发挥其应有的作用。

一、HR 必备劳动法律法规

中国的劳动法律体系纷繁复杂，既有国家和地方层面法律法规，也有各级法院的司法解释和裁判指引等，都是 HR 需要学习与掌握的。有人会问，具体要学习到什么程度呢？难道要像律师一样，对所有的法律法规熟悉到能够脱口而出、举一反三吗？当然不是，但是如果你能将《中华人民共和国劳动法》《中华人民共和国劳动合同法》倒背如流，你会发现在处理人力资源管理问题时将非常高效。

表 9-1 列明了国家及广东省、深圳市需要重点关注和学习的法律法规，HR 可以以此为基础，进行拓展学习。

表 9-1 国家及广东省、深圳市需重点关注和学习的法律法规

地区	法律法规
全国	《中华人民共和国劳动法》《劳动部关于贯彻执行〈中华人民共和国劳动法〉若干问题的意见》《中华人民共和国劳动合同法》《中华人民共和国劳动合同法实施条例》《中华人民共和国社会保险法》《实施〈中华人民共和国社会保险法〉若干规定》《中华人民共和国劳动争议调解仲裁法》《最低工资规定》《中华人民共和国残疾人保障法》《残疾人就业条例》《中华人民共和国妇女权益保障法》《女职工劳动保护特别规定》《未成年工特殊保护规定》《禁止使用童工规定》《中华人民共和国职业病防治法》《失业保险条例》《工伤保险条例》《工伤认定办法》《劳动能力鉴定职工工伤与职业病致残等级》《企业职工患病或非因工负伤医疗期规定》《人力资源社会保障部关于执行〈工伤保险条例〉若干问题的意见》《人力资源社会保障部关于执行〈工伤保险条例〉若干问题的意见（二）》《非法用工单位伤亡人员一次性赔偿办法》《住房公积金管理条例》《最高人民法院关于审理劳动争议案件适用法律问题的解释（一）》等
广东	《广东省工资支付条例》《广东省企业集体合同条例》《广东省高温天气劳动保护办法》《广东省劳动保障监察条例》《广东省劳动人事争议处理办法》《广东省实施〈女职工劳动保护特别规定〉办法》《广东省职工生育保险规定》《广东省社会养老保险条例》《广东省职工社会养老保险暂行规定》《广东省工伤保险条例》《广东省失业保险条例》《广东省高级人民法院、广东省劳动人事争议仲裁委员会关于审理劳动人事争议案件若干问题》《广东省高级人民法院、广东省劳动争议仲裁委员会关于适用〈劳动争议调解仲裁法〉〈劳动合同法〉若干问题的指导意见》《广东省部分法院审理劳动争议案件工作座谈会综述》等
深圳	《深圳市员工工资支付条例》《〈深圳经济特区欠薪保障条例〉实施细则》《深圳经济特区和谐劳动关系促进条例》《深圳经济特区社会养老保险条例》《深圳经济特区失业保险条例》《深圳市社会医疗保险办法》《深圳市中级人民法院关于审理劳动争议案件的裁判指引》《深圳市中级人民法院关于审理工伤保险待遇案件的裁判指引》《关于〈审理劳动争议案件的裁判指引〉的说明》《关于〈审理工伤保险待遇案件的裁判指引〉的说明》《深圳市劳动人事争议疑难问题研讨会纪要》等

　　在实际应用中，HR 往往会发现某个争议点在国家法律法规上是 A 说法，在地方性法规上是 B 说法。例如：关于竞业限制补偿金的标准，根据《最高人民法院关于审理劳动争议案件适用法律问题的解释（一）

（2020）》："第三十六条 当事人在劳动合同或者保密协议中约定了竞业限制，但未约定解除或者终止劳动合同后给予劳动者经济补偿，劳动者履行了竞业限制义务，要求用人单位按照劳动者在劳动合同解除或者终止前十二个月平均工资的 30% 按月支付经济补偿的，人民法院应予支持。

"前款规定的月平均工资的 30% 低于劳动合同履行地最低工资标准的，按照劳动合同履行地最低工资标准支付。"

但根据《深圳经济特区企业技术秘密保护条例》："第二十四条 竞业限制协议约定的补偿费，按月计算不得少于该员工离开企业前最后十二个月月平均工资的二分之一。约定补偿费少于上述标准或者没有约定补偿费的，补偿费按照该员工离开企业前最后十二个月月平均工资的二分之一计算。"

那么，到底应该以哪个说法为准？

对于 HR 而言，在企业实际应用中，除了要掌握基础的劳动法律体系之外，还必须理解各项法律法规的效力层次，我国法律的效力规则为：上位法优于下位法、新法优于旧法、特别法优于一般法、法律法规[1] 优于司法解释。结合上面的问题，因为深圳市拥有独立立法权，深圳市出台的《深圳经济特区企业技术秘密保护条例》是地方性法规，效力要优于最高人民法院的司法解释[2]。因此，在竞业限制补偿金标准的使用上，以《深圳经济特区企业技术秘密保护条例》规定的不低于 50% 为准。

表 9-2 列明了我国各层级法律法规的效力层次，方便 HR 学习使用。

---

[1] 法律法规这里做狭义解释，即法律是指狭义上的法律；法规则主要指行政法规、地方性法规、自治法规及经济特区法规等。

[2] 立法对司法解释性质和效力的界定：效力低于法律的规范性文件。详见苗炎《论司法解释的性质和效力位阶》，《中外法学》2023 年第 2 期。

表 9-2 我国法律法规的效力层次

法的形式	地位和效力	制定部门	举例
宪法	最高	全国人大	
法律	仅次于宪法	基本法律，由全国人大制定	刑法、民法典等
		一般法律，由全国人大常委会制定	建筑法、商标法等
行政法规	仅次于宪法和法律	国务院	劳动合同法实施条例
地方性法规	本行政区域内具有法律效力、效力低于法律和行政法规	省、自治区、直辖市的人民代表大会及其常务委员会根据本行政区域的具体情况和实际需要，在不同宪法、法律、行政法规相抵触的前提下，可以制定地方性法规	
部门规章	与地方性法规同等效力	由国务院组成部门及直属机构制定	
地方性规章	效力低于部门规章	省、自治区、直辖市和较大市的人民政府，可以根据法律、行政法规和本省、自治区、直辖市的地方性法规，制定规章。	

二、销售薪酬的高频风险

具体到销售薪酬涉及的高频风险，结合各地法院每年的典型案例，以及给企业做薪酬变革的咨询经验，我们将销售薪酬的高频风险分为**薪酬调整、绩效考核、提成 / 奖金**以及**扣减工资**这四个方面，接下来将通过以案说法的方式来具体阐述。

（一）高频风险点 1：薪酬调整

对于销售人员而言，干得好收入上升，干得不好收入下降，是一件再正常不过的事情。因此，销售薪酬设计也应实现销售人员业绩与其收入正相关。

但实践起来并不是一件容易的事情，销售薪酬调整分为加薪和降薪，前者几乎没有风险，绝大部分的劳动争议聚焦于后者。由于会极大地影响销售人员的个人利益，若缺乏法律法规的有效指引，公司非常容易陷入诉讼的风波中。

1. 针对全员降薪。如在新冠肺炎疫情期间，很多公司经营受到严重影响，在开源困难的情况下，企业常常采用内部节流的方式来维持公司的经营。因此，企业往往会通过修改规章制度的方式来实现全员降薪。但采用这种方式进行降薪是有前提条件的，即新的规章制度必须经过民主程序，否则就是违法违规的，具体民主程序该如何操作，此处不再赘述 [①]。

2. 针对个人降薪。具体表现为销售人员业绩不达标时，其职级职等及其对应的薪酬标准将发生不同程度的下降，这种下降需要有明确的下降依据和标准，即什么时候降？根据什么业绩（销售额、利润还是毛利）降？根据多长时间（1个月、1个季度还是1年等）完成的业绩降？下降后对应的薪酬标准是多少？诸如此类的问题，如果在销售薪酬政策中没有明确约定，则会给公司埋下劳动争议败诉的地雷。

因此，企业在设计销售人员基本薪酬时，必须结合行业特征，明确各职级职等的业绩标准、薪酬标准及动态调整的规则，才能真正避免陷入"上升靠谈判，下降无依据"的尴尬局面。

---

① 详见本书第八章。

【以案说法】

案例 9-1 同意调岗等于同意降薪吗？

案情概述： 2018 年 8 月 15 日，晁某入职某百货公司任职营业员，双方签订《劳动合同书》，经双方协商同意，可以变更工作岗位，劳动报酬按照用人单位依法制定的《薪随岗动按劳分配》执行。2019 年 8 月，双方续订的劳动合同中约定晁某的工作岗位为店长，年薪 96000 元（含 13 薪），月平均工资为 7384 元。

2021 年 2 月，晁某管理的店面因销售过期食品，被区市场监督管理局处以 50000 元罚款。公司根据《员工手册》以晁某失职为由对其进行罚款 5000 元，并免去其店长职务，调至另一店面任职团购部副经理，年薪降为 76350 元（含 13 薪），月薪 5873 元。

2021 年 5 月，晁某到新岗位工作。2021 年 8 月，双方重新签订劳动合同，岗位为团购部副经理。

2021 年 10 月 9 日，晁某向某百货公司递交《辞职报告》，辞职理由为某百货公司未能足额发放工资。晁某认为，其被调岗后虽签订了《劳动合同书》，但同意调整工作岗位并不意味着同意公司对自己进行降薪，因此，晁某要求公司支付降薪后差额工资 6044 元 [（7384 元 -5873 元）×4 个月] 及经济补偿金 70148 元。

裁决结果： 本案争议焦点为某百货公司对晁某作出的岗位调整、降薪是否有相应依据。

法院认为，根据《劳动合同法》第三十五条第一款："用人单位与劳动者协商一致，可以变更劳动合同约定的内容。变更劳动合同，应当采用书面形式。"晁某的工作岗位从店长调整至团购部副经理，该调整对晁某的权益有着重大影响。那么某百货公司的调岗行为是否合法？是否违背晁某的意愿？

根据本案查明的事实可知，晁某担任店长期间，所管理店面因销售过期食品被相关单位罚款，才导致晁某工作岗位的调整。2018年8月15日，双方签订的《劳动合同书》第四条明确约定经双方协商同意，可以变更工作岗位。2021年5月10日晁某到调岗后的岗位即团购部工作，双方也于2021年8月1日再次签订《劳动合同书》，约定的工作岗位为团购部副经理。说明晁某知晓调整后的工作岗位，并且晁某按照某百货公司的安排，到团购部工作长达5个月，超过一定期限后又以某百货公司调岗为由否认上述变更行为，不符合常理，故应认定某百货公司对晁某的工作岗位调整并未违背其真实意思。

针对晁某主张的降薪后差额工资6044元[（7384元 −5873元）×4个月]及经济补偿金70148元，根据《中华人民共和国劳动法》第四十六条的规定，工资分配应当遵循按劳分配原则，实行同工同酬。晁某调岗至团购部任副经理后，理应按照该岗位的工资标准执行。且双方签订的《劳动合同书》第十条约定：劳动者的工资按照用人单位制定的《薪随岗动按劳分配》执行。庭审中晁某主张《薪随岗动按劳分配》属于某百货公司后续自行书写，但并未提交相应的证据，有鉴于此，对晁某主张支付差额工资的诉求不予支持。

综上，某百货公司调整晁某工作岗位及降薪行为不存在违法性，故对晁某主张亦不予支持。

案例出处：青海省西宁市中级人民法院民事判决书（2022）青01民终1748号。

案例9-2 约定考核不合格调整薪酬，为什么不能调整？

案情概述： 2018 年 10 月 1 日，王某入职北京某公司，双方于当日签订了固定期限的《劳动合同书》，约定王某担任副总经理岗位，月工资为税前 20000 元，每月 10 日发放上一个自然月的工资，同时，双方签署的《2019 年目标责任书》约定"如在考核期（季度／年度）内，出现未完成当季度销售任务的情况，则在次季度降级为营销部主任（高级／中级／初级），同时调整薪酬至对应级别"。

公司主张王某 2019 年度前三季度均未完成销售任务，于 2019 年 10 月 1 日起将其岗位由副总经理调整为营销部主任，薪酬调整为 5000 元／月，王某不同意调整，要求按照原劳动合同履行，双方因此引发劳动争议。

裁判结果： 法院认为北京某公司与王某签订的《2019 年目标责任书》中，虽有关于未完成季度销售任务"在次季度降级为营销部主任（高级／中级／初级），同时调整薪酬至对应级别"的表述，但未明确约定具体情况对应的调整岗位级别及对应薪酬，应属于约定不明确。在此情况下，北京某公司以王某连续三个季度未完成销售任务为由直接将王某的岗位调整为营销部主任，薪资调整为 5000 元／月，并据此支付王某工资的行为，有欠妥当，且王某明确表示不同意上述调岗调薪行为，故北京某公司应当按照原工资标准支付王某工资。

案例出处：北京市第三中级人民法院民事判决书（2021）京 03 民终 5452 号。

案例 9-3 用人单位与销售人员可以约定协议调整工资吗?

案情概述: 游某于 2018 年 4 月 8 日入职深圳某科技公司,担任销售总监。游某主张与公司口头约定月工资为人民币 10000 元。2018 年 10 月至 11 月期间公司每月克扣其工资 3000 元,未足额支付工资。游某遂对公司提起诉讼,请求:公司返还游某 2018 年 10 月、11 月无理扣除当月工资的 30% 部分,合计应返还克扣工资 6000 元。

公司主张于 2018 年 9 月 28 日与游某签订《销售补充协议》,由于游某未按照该协议完成订单要求,故公司按照固定工资 6600 元加绩效工资 450 元的标准发放原告 2018 年 10 月和 11 月的工资。公司提交了一份《销售补充协议》,该协议中记载"由于乙方 …… 一直未拿到订单,现经双方友好协商如下:二〇一八年十月份的工资按照原工资的 70% 发放,甲方要求乙方在十一月必须拿到不少于 10 万元销售额的订单,如果十一月一个月内无法履行承诺,那么十一月份也是按照原工资的 70% 发放"。公司确认与游某签订该补充协议,2018 年 10 月和 11 月游某也未完成订单要求,并确认在职期间没有达到提成的标准,但游某主张该协议是被迫签订的。

裁判结果: 法院认为,双方在《销售补充协议》中的约定系双方真实意思表示,且不违反法律、行政法规强制性规定,合法有效。游某主张该协议系受胁迫签订,但未提交相应证据予以证实,法院对其主张不予采信。因此,公司根据该补充协议对游某的工资进行调整,法院予以支持。

案例出处:广东省深圳市中级人民法院民事判决书(2019)粤 03 民终 28108 号。

（二）高频风险点 2：绩效考核

绩效考核的结果会应用到销售薪酬上，是企业加强员工管理的有力武器，但使用不当，也很容易遭到"反噬"。对于企业而言，需要格外注意以下几点：

1. 试用期绩效考核

《劳动合同法》第三十九条规定，劳动者在试用期被证明不符合录用条件的，用人单位可以解除劳动合同。因此，企业需要和劳动者明确约定什么叫作"不符合录用条件"[①]，绩效考核结果便可以约定为不符合录用条件之一，如试用期期间绩效考核结果为 D，或者试用期期间存在 2 个及以上绩效考核结果为 C 的。

如果企业没有实行绩效考核，那也可以在劳动合同中单独约定"不符合录用条件"的情形，如试用期期间回款少于 × 万元，或存在旷工行为，或迟到 3 次及以上等[②]。

2. 转正后的绩效考核

销售人员转正后的绩效考核除了影响其绩效工资外，还有一个重要的应用就是和销售人员的退出关联。《劳动合同法》第四十条规定，劳动者不能胜任工作，经过培训或者调整工作岗位，仍不能胜任工作的，用人单位提前三十日以书面形式通知劳动者本人或者额外支付劳动者一个月工资后，可以解除劳动合同。因此，销售人员转正后的绩效考核应用需要注意以下三点：

第一，明确"不能胜任工作"的标准。"不能胜任工作"一般指劳动者不能按岗位要求完成劳动合同中约定的工作量或工作任务，但是需要在

---

① 劳动合同约定条款是保护企业的重要工具，读者若对劳动合同约定感兴趣的话，可以进一步了解《完美的劳动合同》，深圳出版社 2020 年出版。

② 劳动合同的相关约定参考《完美的劳动合同》，深圳出版社 2020 年出版。

销售薪酬制度中明示。一般地,我们可以用销售人员业绩标准或绩效考核结果作为衡量其是否胜任工作的标准。企业不可以故意针对个别销售人员提高业绩标准,制定区别于同岗位其他人员的工作任务等,意图造成劳动者不胜任工作的后果。

第二,很多企业都会用"不合格""待改进"等描述来代替"不能胜任",但法律规定及用语上没有此类的定义,如真的产生劳动争议,最终的裁判结果也取决于法官的自由裁量权。因此,建议企业还是直接引用法律用语来进行绩效管理。

第三,遵循法定程序加上有效的绩效考核结果,才能证明员工不胜任本职工作。此时应当对其进行培训,或者将其调换到其劳动技能可以胜任的其他工作岗位上,两者选其一即可;若企业尽到此义务,再次通过绩效考核程序对销售人员进行评估,评估结果是其仍不能胜任工作,企业可以提前三十日书面通知解除劳动合同或额外支付一个月工资作为代通知金,同时依法支付解除劳动合同的经济补偿金,即需要认定两次"不能胜任工作"才能解除。

3. 末位淘汰的有效性

"末位淘汰"是很多企业在绩效考核中常用的优化手段,这种手段是否有效?答案是无效的。根据《第八次全国法院民事商事审判工作会议(民事部分)纪要(2016年11月30日)》:用人单位在劳动合同期限内通过"末位淘汰"或"竞争上岗"等形式单方解除劳动合同,劳动者可以用人单位违法解除劳动合同为由,请求用人单位继续履行劳动合同或者支付赔偿金。由此可知"末位"不等于"不能胜任",以"末位淘汰"解除劳动合同是无效的。

【以案说法】

案例9-4 试用期管理做了这件事，公司可实现快速淘汰不适合人员！

案情概述： 丁某于 2018 年 7 月 24 日与某财富管理公司签订 2018 年 7 月 24 日至 2021 年 7 月 23 日的劳动合同，约定丁某试用期为 6 个月。

2018 年 10 月 15 日，某财富管理公司向丁某出具《关于试用期业绩考核的通知》一份，载明"丁某同志：您于 2018 年 7 月 24 日入职我司任职客户经理（销售一级）岗位工作，试用期为 6 个月。依据《员工手册 2018.V.01》（丁某在该员工手册确认书上有签字确认）中关于录用条件的规定：员工在试用期内考核不合格的 [包括但不限于业绩未达到公司业务线薪酬管理制度（简称 SOP）标准等]，被视为不符合录用条件。员工在试用期内被证明不符合录用条件的，公司可以依法解除劳动合同。依照公司《基本法（SOP）7.0.1》（编号：20180101-1）中的规定，您的考核目标为 MOB1-3 累计完成 30 万 BV 业绩，截至 2018 年 9 月 30 日，您 MOB1-3 实际累计完成业绩 3 万 BV，为考核目标业绩的 10%。现正式通知您，您应于 2018 年 10 月 24 日前达成业绩目标 30 万 BV，如您未能达成，则视为您在试用期内不符合录用条件"。

2018 年 10 月 25 日，某财富管理公司向丁某出具《解除劳动合同通知书》一份，载明"丁某同志：营销管理中心业务线员工 2018 年 9 月考核业绩数据已公布，依照公司于 2018 年 10 月 15 日交寄至您处的《关于试用期业绩考核的通知》的规定，您试用期的考核目标为 2018 年 10 月 24 日前累计达成 30 万 BV 业绩。您于 2018 年 7 月 24 日入职，截至 2018 年 10 月 24 日，您实际累计达成 BV 业绩为 3.5 万，您未达成试用期考核目标，属于试用期不符合录用条件。经公司研究决定：自 2018 年

10 月 25 日起解除此前与您签订的劳动合同。您的薪资结算至 2018 年 10 月 25 日，社保公积金缴纳至 2018 年 10 月，请您于 2018 年 10 月 25 日之前到公司办理离职及相关手续"。

丁某于 2018 年 10 月 26 日签收该解除通知，但主张其正式入职前公司并未告知前三个月需要完成 30 万元的业绩，在入职后公司是有提过需要有 30 万元的业绩指标，但口说无凭，应当以劳动合同的约定为准，因此，要求公司恢复劳动关系。

裁判结果： 法院认为，我国《劳动合同法》设定试用期的目的之一在于用人单位可以在试用期内对劳动者的知识结构、工作能力、工作技能等进行综合考察与评价，以确定劳动者能否与所涉岗位的职责要求相匹配并进而决定是否继续聘用。

本案中，首先，丁某、某财富管理公司签订的劳动合同约定试用期为 6 个月，丁某需在试用期前 3 个月（即 2018 年 7 月 24 日至 2018 年 10 月 23 日）完成 30 万元的业绩，然上述期间丁某仅完成 3.5 万元的业绩，与目标相差甚远。

其次，某财富管理公司制订并由丁某签字的员工手册明确规定，业绩未达到公司业务线薪酬管理制度视为试用期考核不合格，而试用期考核不合格将视为不符合录用条件，公司可以解除劳动合同，且上述内容在某财富管理公司向丁某发出的相关通知中也已经明确告知。

据此，某财富管理公司以丁某试用期不符合录用条件为由解除丁某劳动合同的做法，并无不妥。丁某要求与某财富管理公司恢复劳动关系的诉讼请求，无事实依据，法院不予支持。

案例出处：上海市第一中级人民法院民事判决书（2019）沪 01 民终 11616 号。

案例9-5 公司少做这件事，解除不胜任员工竟被视为违法解除？

案情概述： 2018年3月26日，张某与某咨询公司签订《劳动合同》，约定张某任职初级客户经理，合同期限自2018年3月26日至2021年3月31日。2020年10月30日某咨询公司出具《解除劳动合同通知书》，内容为：因张某业绩考核不达标，不胜任工作，现公司决定于2020年10月30日解除劳动合同。后张某申请仲裁，要求某咨询公司支付违法解除劳动合同经济赔偿金43556.82元。

经询问，某咨询公司未对张某进行调岗，但团队经理说对其进行过培训。张某表示未进行培训。

另查，张某劳动合同解除前十二个月的平均工资为7038.27元。

裁判结果： 法院认为劳动者不能胜任工作，经过培训或者调整工作岗位，仍不能胜任工作，用人单位提前三十日以书面形式通知劳动者本人或者额外支付劳动者一个月工资后，可以解除劳动合同。因用人单位作出开除、除名、辞退、解除劳动合同、减少劳动报酬、计算劳动者工作年限等决定而发生劳动争议的，由用人单位负举证责任。

本案中，某咨询公司解除劳动合同的理由为张某业绩不达标、不胜任工作，就此，某咨询公司应举证予以证明，现某咨询公司未举证证明公司考评的依据以及张某存在不能胜任工作的情形。同时，某咨询公司亦未举证证明对张某进行培训或者调整工作岗位，现某咨询公司直接解除与张某的劳动合同，不符合法律规定，依法应当支付张某违法解除劳动关系经济赔偿金42229.62（7038.27×3×2）元。

综上所述，法院判决某咨询公司支付张某违法解除劳动合同经济赔偿金42229.62元。

案例出处：北京市石景山区人民法院民事判决书（2021）京 0107 民初 6200 号。

案例 9-6 公司可以淘汰销售业绩末位的员工吗？

案情概述： 2003 年 7 月，王某入职某公司在分销科从事销售工作，基本工资每月 3340 元。该公司的《员工绩效管理办法》规定：员工半年、年度绩效考核分为 S、A、C1、C2 四个等级，分别代表优秀、良好、价值观不符、业绩待改进；S、A、C（C1、C2）的比例分别为 20%、70%、10%；不胜任工作原则上考核为 C2。

2009 年 1 月后出于分销科解散等原因，王某转岗至华东区从事销售工作。2008 年下半年、2009 年上半年及 2010 年下半年，王某的考核结果均为 C2。公司认为，王某不能胜任工作，经转岗后，仍不能胜任工作，故在支付了部分经济补偿金的情况下解除了劳动合同。

2011 年 7 月 27 日，王某提起劳动仲裁。同年 10 月 8 日，仲裁委作出裁决：公司支付王某违法解除劳动合同的赔偿金余额 36596.28 元。公司认为其不存在违法解除劳动合同的行为，故于同年 11 月 1 日诉至法院，请求判令不予支付解除劳动合同赔偿金。

裁判结果： 法院认为为了保护劳动者的合法权益，构建和发展和谐稳定的劳动关系，《中华人民共和国劳动法》《中华人民共和国劳动合同法》对用人单位单方解除劳动合同的条件进行了明确限定。

某公司以被告王某不能胜任工作，经转岗后仍不胜任工作为由，解除劳动合同，对此应负举证责任。根据《员工绩效管理办法》的规定，"C（C1、C2）考核等级的比例为 10%"，虽然王某考核结果曾经为 C2，但是 C2 等级并不完全等同于"不能胜任工作"，公司仅凭该绩效考核等级比例的考核结果，不能证明劳动者不能胜任工作。虽然 2009 年 1 月王某从分销科转岗，但是转岗前后均从事销售工作，并存在分销科解散导致王某转岗这一根本原因，故不能证明王某因不能胜任工作而转岗。

因此，公司存在违法解除劳动合同的情形，应当依法向王某支付经济补偿标准二倍的赔偿金。

案例出处：杭州市滨江区人民法院民事判决书（2011）杭滨民初字第 885 号。

（三）高频风险点 3：提成 / 奖金

销售人员薪酬的绝大部分来源于提成 / 奖金，相关的劳动争议案件居高不下，造成此类争议产生的罪魁祸首，往往是"约定不明"四个字。例如：团队作战成单的，业绩贡献如何进行分配？提成 / 奖金的发放条件是签署合同即发放，还是根据回款情况再等比例发放？回款及时性如何对提成 / 奖金比例造成影响？

【以案说法】

案例 9-7 离职后，公司还要支付销售人员提成？

案情概述： 2016 年 3 月 14 日，邵某与 A 公司签订《劳动合同》一份，合同约定期限：2016 年 3 月 14 日至 2019 年 3 月 31 日。工作内容：置业顾问。工作时间：标准工时制即每日工作 8 小时，每周工作 5 天，月基本工资 1800 元（税前）。

2019 年 4 月 1 日，邵某与 B 公司签订《劳动合同》一份，合同约定期限：2019 年 4 月 1 日至 2022 年 3 月 31 日。工作内容：中级置业顾问。

工作时间：标准工时制即每日工作 8 小时，每周工作 5 天，月基本工资 1800 元（税前）。

A 公司与 B 公司为关联公司，均系某集团的子公司。

上述合同第七条劳动纪律和规章制度规定：乙方有违反规章制度及劳动纪律行为的，甲方可以根据劳动法和规章制度的规定，予以处罚；符合解除劳动合同的，予以解除，并无须支付经济补偿金。

邵某主张其销售房产涉及未发放或未达服务节点的提成金额合计 400553.23 元，要求 A 公司与 B 公司支付。而公司认为邵某未达到服务节点（按照公司规定的房屋销售提成步骤计算提成），已被公司解除劳动关系，因其提成未达条件而未支付，双方因此发生劳动争议。

裁判结果： 关于 A 公司、B 公司的关系问题，法院认为，A 公司、B 公司的名称及注册地址相似、法定代表人和股东相同、部分高管重合，且两公司均确认为 C 集团的子公司，据此可认定 A 公司、B 公司为关联公司。且根据诉讼中双方当事人的陈述，邵某先后入职 A 公司、B 公司的工作内容没有变化，安排邵某工作的人员亦没有变更，A 公司、B 公司的办公场所为没有严格区分的相邻办公室，可见两公司存在混同用工的情况。据此，法院认为 A 公司、B 公司为关联公司且存在混同用工的情况，故对邵某提出的要求两公司共同承担责任，法院予以支持。

关于两公司应否向邵某支付提成，法院经审理后认为，首先，从通常认知可知，客户与房地产公司签署购房合同，房屋销售人员的最重要及最主要的工作即已经完成。销售人员完成了最主要的销售工作而不能获得与此相应的奖金，有违公平原则。

其次，本案中，邵某的离职原因是公司提出解除劳动合同，从而导致邵某客观上无法跟进后续工作。

再者，《关于工资总额组成的规定》第四条之规定，奖金属于工资的组成部分。《工资支付暂行规定》第九条之规定，劳动关系双方依法解除或终止劳动合同时一次性付清劳动者工资。用人单位不能仅以未达支付节点和行业惯例为由拒付销售提成。

据此，同时结合邵某销售房产仍有后续工作需要他人跟进、付出劳动，法院酌情确定公司需向邵某支付提成 322765 元。

案例出处：广东省佛山市中级人民法院民事判决书（2020）粤 06 民终 4674 号。

案例9-8 提成条款约定不明，奖金是一人独享还是团队共分？

案情概述： 马某于 2009 年 4 月入职某公司，任副总经理，负责电气工程"从市场开拓、营销洽谈、方案报价、合同谈判、设备采购、施工指导到收款等一条龙工作"；提成条款约定："上述'××办法'仅限马某独立收集、公关、谈判而成的项目。有同事配合完成的项目或公司的信息或公司的老客户或公司派人去配合完成的项目，成功后，若营销人员只有一位，则该同志的个人提成为上述第 3 条比例的一半，若参与该项目的人员较多，则按贡献大小协商确定每个人的提成比例。"

后马某成功为公司签单某项目，但双方就项目是否系马某独立完成，能否独立享受提成产生争议。马某主张：某项目均系独立完成。某公司辩称：某项目非马某独立完成，故不应由其一人享有提成。

裁判结果： 诉讼中，某公司和马某对提成报酬分歧较大，经双方当事人同意，由法院委托上海某会计师事务所有限公司对双方争议的项目进行司法会计鉴定，鉴定结论为马某的本职工作是全面负责诸项工作及管理工地项目等，收入主要是提成，基本工资为日常之用，并无马某一人完成工作才能得到提成等的约定。鉴于双方未明确马某独立收集、公关、谈判而成的项目标准及情形，在实际履行中双方也未以行为表明某一个项目在计算提成时有数人分摊提成。因此，法院采信马某与某公司争议的提成项目均系马某的个人提成。

案例出处：上海市第一中级人民法院民事判决书（2014）沪一中民三（民）终字第 683 号。

案例 9-9 公司可以调整销售提成比例吗？

案情概述： 于某与某保险公司于 2013 年 11 月 1 日签订书面劳动合同，建立劳动关系，从事保险销售工作，劳动报酬约定于某初始基本工资为税前不低于当地最低工资标准，随业绩变动部分计算标准见相关制度；某保险公司根据相关管理办法及实施细则等制度可确定及调整于某薪酬待遇，业绩考核结果将直接影响于某的薪酬待遇。

当事人与某保险公司约定的其他内容部分有：本人已阅读《×保险公司法人渠道业务人员管理大纲》及《×保险公司法人渠道销售人员考勤管理办法》并承诺遵照执行，等等。后双方将劳动合同期限延期至 2019 年 10 月 31 日。

2019 年 4 月 1 日，于某向某保险公司提交辞呈。2019 年 4 月 30 日，某保险公司为于某办理解除劳动合同手续。

于某提交某保险公司的相关规章制度，包括《直销渠道业务人员管理大纲附件（2012 试行版）》，附件九《直销客户经理薪资标准及考核办法》，法人渠道直销、交叉提奖比例表，用以证明：于某属于某保险公司客户经理，于某的提奖工资标准为实收保费 × 提奖比例（长期固定）。

于某主张根据其 2017 年 9 月至 2018 年 12 月的工资表及附件清单，某保险公司未按照前述制度规定的提奖比例计发业务提奖，降低提奖比例，扣发其 2018 年业务提奖。

某保险公司主张公司有权根据业务绩效情况核定奖金，不存在于某所称的固定比例，某保险公司已足额支付于某工资、奖金。

2019 年 6 月，于某申请仲裁，要求裁决某保险公司支付欠发于某的 2018 年业务提奖工资 292491 元。

裁判结果： 双方争议的焦点是业务提奖比例是否可以调整。

法院经审理认为，于某提交的法人渠道直销、交叉提奖比例表系打印件，某保险公司对其真实性不认可，即使该表真实存在，也不能得出提奖比例固定不变的结论。并且，某保险公司依据经营状况调整提奖比例，系针对不确定的个人，具有统一性，未违反双方劳动合同的约定，法院不宜对此进行审查调整。因此，对于某要求某保险公司支付 2018 年欠发的业务提奖 292491 元的诉讼请求，不予支持。

案例出处：山东省青岛市中级人民法院民事判决书（2021）鲁 02 民终 4161 号。

（四）高频风险点 4：扣减工资

扣减工资常发生在以下两个方面：

1. 绩效工资的扣减

一般来说，企业往往会从员工月度基本薪酬中抽出一定比例的绩效工资用于绩效考核，如考核结果不达标，则会有不同程度的绩效工资的扣减。这种做法是很常规也很普遍的，但要注意的是，企业如与劳动者约定有绩效工资，则企业应向劳动者充分告知绩效考评制度，明确考评目标及考评依据，应避免在绩效工资考评及支付方面的随意性。否则，企业便有可能因无故扣发绩效工资而承担法律责任。

2. 提成 / 奖金的扣减

销售人员成单了，但客户一直未回款造成坏账，除了取消对应的提成 / 奖金外，让销售人员承担一定坏账的损失，也是企业常用的刺激手段，该损失往往会在其后续发放工资时进行抵扣。但要注意，尽管可以让销售人员承担一定的损失，但从全国司法实践的情况来看，让销售人员全额承担的可能性很小，往往都是承担不超过损失额的 20%，且在月度发放工资进行抵扣时，抵扣后发放的工资不得低于当地的最低工资标准，如当月工资不够抵扣的，则可在后续发放工资时再进行抵扣，直至损失额抵扣完为止。

【以案说法】

案例 9–10 大幅提高销售任务，导致绩效工资减少，属于克扣工资？

案情概述： 梁某为某蛋业公司销售人员，其工作地点在天津，工资由基本工资、综合补助、绩效工资三部分构成，其中每月基本工资为 2200 元，综合补助为 700 元，绩效工资为基数 6000 元 × 完成销售任务进度。

某蛋业公司提交的 2020 年 1 月至 2021 年 4 月绩效汇总表显示，某蛋业公司给梁某制订的销售任务如下：2020 年 1 月 35 吨，2020 年 5 月起调整为 60 吨 / 月，2020 年 7 月起调整为 100 吨 / 月，2021 年 3 月起调整为 150 吨 / 月。梁某自 2020 年 1 月至 2021 年 4 月一直未能完成销售任务。

2021 年 1 月 29 日，某蛋业公司通知梁某等销售人员于 2021 年 2 月 1 日早上 9 点持 3 天内的核酸检测报告到北京工厂上班，无故迟到者按照旷工处理，梁某等销售人员均不同意。

2021年2月起，梁某负责销售的天津区域没有库房，没有司机配送，且已拖欠门店几个月的费用，梁某提出因此导致其难以开展销售工作后，某蛋业公司未予解决。梁某要求减少销售任务，某蛋业公司未同意。

2021年4月8日，梁某向某蛋业公司发出《被迫解除劳动合同通知书》，以某蛋业公司未足额支付劳动报酬、未提供劳动条件为由，通知某蛋业公司解除劳动合同。

2021年4月13日，某蛋业公司向梁某发出《关于"被迫解除劳动合同通知书"的答复函》，告知梁某公司在收到《被迫解除劳动合同通知书》后，经调查不存在梁某所说的违法行为，不同意支付经济补偿金，并通知梁某继续履行劳动合同，自4月14日开始继续在微信群签到和行程提报，否则将依据公司规章制度进行处理。

2021年5月21日，某蛋业公司向梁某发出《解除劳动合同通知书》，以梁某多次未按要求进行详细行程提报，经多次提醒后自4月17日至5月21日一直未按要求提报行程，且钉钉群中无任何打卡记录为由，依据公司《惩戒管理办法》，于5月21日解除与梁某的劳动合同。

2021年5月26日，梁某申请仲裁，要求某蛋业公司：1.支付违法解除劳动合同赔偿金103425.3元；2.支付克扣的2021年3—4月工资共计2064.42元。

裁判结果：从某蛋业公司提交的梁某工资构成来看，根据销售业绩发放的绩效工资是梁某劳动报酬的主要组成部分。某蛋业公司对梁某的销售任务作出重大调整，影响梁某的切身利益，系对双方劳动合同的变更，应当依法与梁某协商一致。某蛋业公司单方大幅提高梁某的销售任务，不符合法律规定。2021年2月起，因某蛋业公司，梁某负责销售的天津区域没有库房，没有司机配送，且已拖欠门店几个月的费用，导致作为销售的梁某没有劳动条件，难以继续开展工作。在此情况下，梁某要求减少销售任务合理，但某蛋业公司反而大幅提高销售任务，导致梁某的绩效工资大幅减少，实质上克扣了梁某应得的劳动报酬。结合某蛋业公司此前于2021年1月29日通知梁某等销售人员不继续在天津工作，于2021年2月1日早上9点到北京工厂上班，否则按照旷工处理的事实，应认定某蛋业公司具有通过不提供劳动条件、大幅提高销售任务，达到克扣梁某应得劳动报酬，变相强迫梁某离职的目的。梁某因此提出解除劳动合同合理，并有权要求某蛋业公司支付解除劳动合同经济补偿金。

梁某于2021年4月向某蛋业公司发出《被迫解除劳动合同通知书》后，双方的劳动关系已经解除。因此，某蛋业公司于2021年5月21日向梁某发出的《解除劳动合同通知书》不产生法律效力。

某蛋业公司擅自大幅提高销售任务不合理，导致梁某绩效工资减少，应当补足差额，鉴于梁某主张的2021年3月、4月绩效工资差额未超出其应得数额，法院予以支持。

最终法院判决：一、某蛋业公司支付梁某2021年3—4月工资差额共计2064.42元；二、某蛋业公司支付梁某解除劳动合同经济补偿金43971.34元。

案例出处：北京市第三中级人民法院民事判决书（2022）京03民终4810号。

案例9-11 客户退款，公司扣回提成导致销售工资为0可以吗？

案情概述： 根据深圳某文化公司的工资方案，销售人员的提成工资是按当月的销售额来计算，如当月销售额不超过6万元，则按照销售额的4%计算提成；如当月销售额在 6 万元至 12 万元，则按照销售额的 8% 计算提成。

陈某在 2018 年 11 月向两位客户销售了产品，其中 A 客户的销售额为 45000 元，B 客户的销售额为 19980 元，陈某当月的销售总额为 64980 元，销售提成按 8% 计算。2019 年 4 月，B 客户向某文化公司提出取消合作并要求退款，经双方协商，公司向其退回了款项 11988 元。公司的《财务 SOP 管理制度（第八版）》第三条规定："项目退款的当月，将在项目签订的月份扣除销售代表的提成，扣除跟该项目相关人员的提成。"公司主张根据该规定，在 2019 年 4 月将因 B 客户所产生的提成款在陈某的工资中进行扣除，而且由于减去了 B 客户的销售额，因此陈某 2018 年 11 月的销售额低于 6 万元，故陈某该月的销售提成应按 4% 计算，A 客户的提成款原系按 8% 计算的，还需扣除陈某该客户提成款 4% 的差额。

陈某确认上述客户退款的情况，亦同意扣除提成款，但认为公司扣除其对 A 客户的提成款 4% 的差额没有依据，且将 2019 年 4 月的工资全部扣完亦违反法律规定。

裁判结果： 陈某以公司违反最低工资保障制度为由提出解除劳动关系并支付经济补偿；公司则主张其在陈某的工资中扣减先前多发的提成款既符合公司制度亦不违反法律规定，故无须向陈某支付经济补偿金。

对此，法院认为，公司未事先取得陈某同意，即以向陈某多发了 2018 年 11 月份销售提成款为由将陈某 2019 年 4 月份工资扣减为 0 元，违反了《中华人民共和国劳动法》第四十八条的规定，不符合我国最低工资保障制度，陈某据此提出被迫解除劳动关系具有事实和法律依据，陈某主张经济补偿金的请求并无不当。

案例出处：广东省深圳市中级人民法院民事判决书（2020）粤 03 民终 4656 号。

案例9-12 销售人员货款未收回，公司能用员工的工资冲抵吗？

案情概述： 高某于 2014 年 11 月入职某液压公司，工作岗位为销售人员，工资通过银行转账发放。2021 年 9 月 1 日，某液压公司（甲方）与高某（乙方）签订《离职协议书》，协议约定：客户欠款原则上必须收回，因特殊原因不能收回的欠款，……让客户出具欠款证明（欠条），欠款证明交与公司财务保管，……；如客户不愿出具欠款手续的，该欠款由原销售人员无条件负责收回，收款期限为四个月，如四个月内有收不回的欠款，冲抵其业务提成，直至欠款冲完为止。

该协议甲方由某液压公司加盖公司印章，乙方由高某签字并捺印。后公司根据该协议，扣留高某基本工资加提成将近 13 万元。后高某将公司诉至法院，称某液压公司不应以未收回货款抵扣工资提成，请求判决公司返还所扣工资。某液压公司称以未收回货款抵扣工资提成，符合公司的管理规定，也是双方签订《离职协议书》协商一致的结果，高某目前未发放的 2021 年提成远不够冲抵其未收回货款。双方因此对簿公堂。

裁判结果： 法院认为，《中华人民共和国劳动法》第五十条规定："工资应当以货币形式按月支付给劳动者本人。不得克扣或者无故拖欠劳动者的工资。"该《离职协议书》中第 2 条 A 项内容关于销售人员如四个月内有收不回的欠款，冲抵其业务提成，直至欠款冲完为止的相关约定，实质上是用人单位把不能及时收回货款或无法收回货款的企业正常经营风险转嫁给劳动者，该项条款内容变相免除了用人单位应当依法向劳动者支付劳动报酬的法定义务，应为无效条款。因此，法院判决某液压公司返还高某多扣除的工资及提成。

案例出处：河南省漯河市召陵区人民法院民事判决书（2022）豫1104 民初 1274 号。

三、能力测试与实操练习

某公司辞退一个销售员工，一年合同，在职 4 个月，约定试用期工资为 2.4 万元 / 月，转正以后工资为 3.4 万元 / 月，合同约定试用期 3 个月，另电话协商试用期延迟 1 个月，总共 4 个月试用期。现因为双方无文字约束，员工不承认与公司协商试用期延长之事，公司要辞退他须按照转正后工资标准与他结算，再额外赔偿半个月薪资，公司不同意。

员工要求按照《劳动合同法》规定执行，1. 按照 N+1 的标准辞退，（N 可以按照 0.5 个月的月薪，另加 1 月薪酬的代通知金）；2. 按照《劳动合同法》第十九条规定，一年合同，试用期只能有两个月，需补两个月的薪酬差异共计 2 万元。 以上合计：月薪 3.4 万元 × 1.5+2 万元 =7.1 万元。

请将《劳动合同法》中所有关于试用期的法条找出来，并基于上述案例的情况，计算以下内容：

1. 请计算双方协商解除劳动合同，按照法定的标准，公司应该赔偿多少钱？

2. 请计算公司违法解除劳动合同，按照法定的标准，公司应该赔偿多少钱？

🔍 输入关键词
"合规管理"
获取参考答案

本章小结：

1. 销售薪酬设计不仅要考虑激励性，还要考虑合规性。销售薪酬的高频风险主要体现在薪酬调整、绩效考核、提成 / 奖金、扣减工资这四个方面。

2. 关于薪酬调整的风险，企业在设计销售人员月度基本薪酬时，必须要结合行业特征，明确各职级职等的业绩标准、薪酬标准及动态调整的规则。

3. 关于绩效考核的风险，试用期员工一定要明确不符合录用条件的情形，比如明确绩效考核结果或者回款等指标；转正员工一定要明确不胜任的情形，只有同时满足 2 次不胜任，公司方可提前 30 天或者支付一个月代通知金后与员工解除劳动合同，并支付相应的经济补偿金；末位淘汰的解除形式是无效的。

4. 关于提成 / 奖金的风险，劳动争议中企业败诉的原因主要是"约定不明"，故薪酬制度中一定要明确提成 / 奖金的依据、分配的方式及发放条件等。

5. 关于扣减工资的风险，主要体现在绩效工资的扣减和提成 / 奖金的扣减。企业如与劳动者约定有绩效工资，则企业应充分向劳动者告知绩效考评制度，明确考评目标及考评依据；如因销售人员个人给公司造成损失的，应该注意扣减的比例，确保员工在职期间每月被扣减后的工资不得低于当地最低工资标准。

第十章

CHAPTER 10

咨询实践：

销售薪酬的实战方案

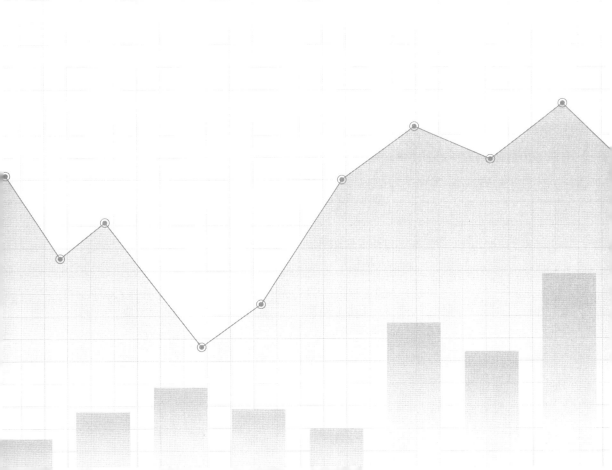

一、实战方案 1
某科技公司销售人员薪酬绩效管理办法

第一章 总则

第一条 为更好地激励销售团队发挥潜能、创造更高价值，结合业务发展阶段的具体情况，特制订公司销售人员的薪酬管理办法。

第二条 使用范围

本办法适用于公司各销售团队。

第三条 薪酬构成

包括基本薪酬（职级工资、绩效工资）及激励薪酬（销售提成）。

第二章 销售人员的基本薪酬

第四条 基本薪酬

销售人员的基本薪酬按照区域划分，分为一类城市（包括：北京、上海、广州、深圳）、二类城市（除一类城市之外的其他城市），其职级职等由低到高分为 10 级，具体如下：

表 10-1 销售人员基本薪酬表

分类	职级	月度基准业绩目标（元/月）以下目标均为≥，且符合本办法业绩目标制定的原则	基本薪酬（元/月）职级工资 一类城市	二类城市	绩效工资
见习销售	P0	×	每天××元实习费用		0

续表

分类	职级	月度基准业绩目标（元/月）	基本薪酬（元/月）		
			职级工资		绩效工资
		以下目标均为≥，且符合本办法业绩目标制定的原则	一类城市	二类城市	
初级销售	P1	×	×	×	×
	P2	×	×	×	×
	P3	×	×	×	×
中级销售	P4	×	×	×	×
	P5	×	×	×	×
	P6	×	×	×	×
高级销售	P7	×	×	×	×
	P8	×	×	×	×
	P9	×	×	×	×

第五条　销售人员的职级职等确定

1. 新进销售人员的职级职等由直接上级根据其工作经验和个人能力等确定。

2. 已转正销售人员根据上年全年业绩情况初步制订本年度业绩目标，年度业绩目标应至少高于上年度总业绩20%，业绩目标制订不得低于上年全年平均月度业绩，销售管理人员可根据销售人员客户资源及成长情况，调高业绩目标，但不得向上跨越两级。

第六条 销售人员的职级职等调整

表10-2 销售人员职级职等调整规则表

业绩情况	调整规则
连续两个月业绩目标完成率≥80%或季度完成率>100%的	可提交升级申请(但不得向上跨越两级),申请当月可生效,按照新标准进行工资核发
连续两个月未达到考核任务的60%	进入为期一个月的绩效改进期,在改进期(即第3个月)中,管理人员可适当调整其净回款目标,改进期内薪酬按照调整后目标对应的职级工资标准核发
绩效改进月仍无法达成考核任务的60%	按照当地最低工资核发职级工资并不享受绩效工资,业绩目标参照P1执行,或直接予以淘汰;
季度业绩目标完成率低于60%	职级被重新核定
销售人员每季度结束后的10日内	可申请调低职级目标(调低后的业绩目标不得低于前一年月度平均业绩的80%)

第三章 销售人员的绩效考核

第七条 考核方式

统一采用月度绩效考核的方式。

第八条 目标制订

1. 新人保护与激励原则

（1）新入职的员工，根据其薪资级别所对应的目标标准，入职当月按照30%设定个人目标；入职后的第2个月，按照50%设定个人目标；入职后的第3个月，按照80%设定个人目标。

（2）经公司认定为开拓型的团队新员工，可延长新人保护期至6个月，其中入职第 1、2 个月按照 30% 设定个人目标，入职第 3、4 个月按照 50% 设定个人目标，入职第 5、6 个月按照 80% 设定个人目标。

2. 已转正销售人员目标逐步提升原则

正式销售人员实际月度业绩目标可以在月度基准目标上下浮动，但应保证月度实际业绩目标之和等于销售人员对应职级的季度业绩目标。

第九条　考核内容和标准

销售人员月度个人绩效 = 月度个人绩效标准 × 月度个人绩效系数，考核内容和标准如下：

表 10-3 销售人员绩效考核说明表

考核内容	考核指标	权重	评分标准
工作结果	月度业绩目标完成率	50%	月度业绩目标完成率 < 60%，0 分；月度业绩目标完成率 ≥ 60%，得分 =50× 业绩目标完成率，该项最高得分不超过 60 分
工作行为	具体指标由用人部门制订，可以根据阶段工作重点进行调整，原则上该项考核指标不超过 2 个	50%	由直接上级制订，报部门总监审批后执行

第十条　考核系数

销售人员绩效考核系数如下：

表 10-4 销售人员绩效系数表

月度个人绩效考核分数	月度个人绩效系数
（0—70）	0
[70—100)	绩效分数 /100

续表

月度个人绩效考核分数	月度个人绩效系数
[100，+ ∞)	（绩效分数 /100）^{2}

第十一条　年度补差

年度考核时，若销售人员全年业绩目标达成率≥ 100%，则可以于年终时一次性补发全年中因未完成 60% 业绩而导致扣减的月度个人绩效工资，计算公式为：补发年度绩效工资 = 月度绩效工资标准 × 12-Σ 月度已发绩效工资。

第四章 销售人员的激励薪酬

第十二条　销售提成

1. 销售提成结算周期采用月考月发的方式，每月进行核算。

2. 销售人员的提成比例与月度业绩目标完成率挂钩，各阶段目标完成率对应的销售提成比例及计算方式如下：

（1）月度业绩目标完成率≥ 60%：销售提成 = 月度业绩 × 销售提成比例。

（2）月度业绩目标完成率 < 60%：无提成。

3. 销售人员的提成比例与业务类型、交付类型相关，具体提成比例及计算方式如下表所示：

表10-5 销售人员提成比例说明表

月度业绩目标完成率	销售提成比例		销售提成计算方式
（＝月度净回款／月度目标）	A类业务	B类业务	（X表示线上A类业务净回款，Y表示B类业务净回款）
（0，60%）	0	0	—
[60%，100%）	系数1	系数2（本人交付）系数3（他人交付）	本人交付＝X×系数1+Y×系数2 他人交付＝X×系数1+Y×系数3
[100%，＋∞）	系数4	系数5（本人交付）系数6（他人交付）	本人交付＝X×系数4+Y×系数5 他人交付＝X×系数4+Y×系数6

4．员工离职核算：员工中途离职，则销售回款结算至离职当日已到账、可结算的实际回款额，离职当日后到账或者结算完毕的回款不再参与提成核算，任务目标以当月的目标为准参与考核。

第五章 附则

第十三条　特别说明

1．本管理办法解释权归公司人力资源部所有。

2．本管理办法自正式公布之日起试行1年，试行期届满，由销售部会同人力资源部根据业务开展情况进行适当调整。若无调整，则继续执行本办法。

二、实战方案 2
某科技公司销售管理人员薪酬绩效管理办法

第一条　目的

为了更好地激励销售管理人员发挥管理潜能，创造更高价值，结合业务发展阶段的具体情况，特制订本管理办法。

第二条　适用范围

本办法主要适用于公司各销售团队的销售总监。

第三条　薪酬构成

销售管理人员的薪酬结构＝销售薪酬＋管理薪酬＝（基本工资 1+ 个人绩效＋交通补贴＋个人销售奖金＋个人年度奖金）＋（基本工资 2+ 管理绩效＋直管团队销售奖金＋间管团队销售奖金＋直管团队年度奖金＋间管团队年度奖金），其中，前五项根据公司《销售人员薪酬管理办法》，后六项按照本制度规定执行。

第四条　月度管理绩效

1. 月度管理绩效与销售管理人员的职级挂钩，具体如下：

表 10-6 销售管理人员月度管理绩效标准表

职级		月度管理绩效标准（元 / 月）
总监	高级	×
	中级	×
	初级	×

续表

职级		月度管理绩效标准 （元/月）
经理	高级	×
	中级	×
	初级	×
	见习	×
主管	高级	×
	中级	×
	初级	×

（1）销售管理人员下属销售人员为零（以月末人事报表为准，新入职销售管理人员以入职次月的月末人事报表为准），停止享受月度管理绩效3个月，例如：4月末下属销售人员为零，则4月、5月、6月连续3个月不再享受月度管理绩效。

（2）销售管理人员季度团队净回款目标完成率超过90%的，可向服务运营中心提出升级申请，经部门负责人对其综合评估，评估内容包括但不限于：招聘增员、人员流失、人才培养、业务创新、部门管理参与度等，报人力行政中心核准。季度团队净回款目标完成率低于60%的，由部门负责人与人力行政中心重新核定销售管理人员职级。

2. 以电话销售方式为主的销售管理人员绩效采用月考月发方式，月度实发管理绩效 = 月度管理绩效标准 × 上月绩效系数；以大客户销售方式为主的销售管理人员绩效采用季考月发方式，月度实发管理绩效 = 月度管理绩效标准 × 上季绩效系数，其中：

（1）销售总监季度绩效考核按照与公司签订的年度绩效目标责任书执行，Q1 绩效系数暂按照 0.8 执行，核发实行多退少补。

（2）采用季考月发的销售管理人员 Q1 绩效系数按 Q1 团队业绩完成率执行，即 Q2 月度管理绩效 = 月度绩效标准 × Q1 团队业绩完成率，涉及补发的，公司将于 5 月份工资予以补发，其中，团队业绩完成率须大于等于 70% 方可享受管理绩效。

（3）销售管理人员 100% 完成年初制订的全年业绩目标，则可以于年终时一次性补发全年中因低于 70 分而导致扣减的月度绩效，计算公式为：补发月度绩效 = 月度绩效标准 × 月数 − Σ 月度已发绩效工资，月数指享有月度绩效的月份数。

3. 考核内容及标准

表 10-7 销售管理人员绩效考核说明表

考核内容	考核指标	权重	评分标准
工作结果	·以电话销售方式为主的销售管理人员：团队月度业绩目标完成率 ·以大客户销售方式为主的销售管理人员：团队季度业绩目标完成率	50%	·月度（季度）业绩目标完成率＜70%，0 分 ·月度（季度）业绩目标完成≥70%，得分 =50× 业绩目标完成率，加分不超过 10 分
团队建设	·团队人员保有率 ·团队人员保有率 = 团队月末人数 / 团队月初人数	20%	·团队人员保有率＜90%，0 分 ·团队人员保有率≥90%，得分 =20× 团队人员保有率，加分不超过 5 分

续表

考核内容	考核指标	权重	评分标准
管理贡献	部门重点工作项，如网站运营指标、交付人员合格指标等，以一级部门为单位制订	30%	根据重点工作项制订评分标准
价值观	价值观评价	为一票否决指标，不占KPI权重，单项评估	围绕公司核心价值观实施评价，此项得分低于60分（满分为100），则绩效工资为零

其中，销售总监月度管理绩效 = 月度绩效标准 ×A/（A+B）× 上季度绩效系数(A)+ 月度绩效标准 ×B/（A+B）× 上季度绩效系数(B)，其中 A+B 为销售总监全年销售目标，季度绩效考核按照与公司签订的年度绩效目标责任书执行（其中销售收入目标拆分为 A、B 两类，其他考核指标不变，得到两个季度绩效系数 A、B），A、B 分类详见本办法第四条。

4. 绩效系数如下：

表 10-8 销售管理人员绩效系数表

月度 / 季度绩效分数	月度 / 季度绩效系数
（0，70）	0
[70，100）	绩效分数 /100
[100，+∞）	（绩效分数 /100）^{2}

第五条 季度团队提成

为进一步促使销售管理者收入与团队绩效挂钩，属于二级部门负责人（经理级或主管级均可能为二级部门负责人），且直管团队销售目标完成率≥ 70% 的情况下，销售管理人员享有季度团队提成。其中团队季度业绩目标完成率统计口径含团队全体成员净回款之和，季度团队提成采用"季考月发"的方式，提成于次季度每月平均发放，具体规则如下：

表 10–9 季度团队提成说明表

职级	代码	网站及团队成熟度	季度团队提成系数	
			团队季度业绩目标完成率＜ 70%	团队季度业绩目标完成率≥ 70%
销售总监级	A	成熟型	0	系数 1
	B	发展型、开拓型团队（主要指新组建团队）	0	系数 2
经理级 /主管级	C	成熟型	0	系数 3
	D	发展型	0	系数 4
	E	开拓型	0	系数 5

销售管理人员季度团队提成＝季度净回款×季度团队提成系数，按照不重复提成的原则，其中季度净回款统计口径包含除团队负责人以外成员的净回款之和。一级销售部门（例如服务运营中心）销售目标完成率≥ 70%（若内含多种团队成熟度，分类核算 70% 的底线）的情况下，对服务运营中心各级销售管理人员实行激励，奖金总额 =A 季度净回款 ×系数 1+B 季度净回款 × 系数 2，该部分奖金由服务运营中心总监负责

分配，总监奖金总额不低于 50%，剩余部分由销售总监根据各级销售管理人员日常管理工作贡献予以分配，分配方案应经人力行政中心核准后执行。

第六条 年度人才培育奖

1. 为鼓励销售管理人员着力补充与培养百万销售员工，每新增年度净回款超过 × 万元的销售员工 1 人，奖励销售部 × 万元（年度奖励，达标即奖，不重复奖励），由销售部负责人负责对其直属上级、导师、招聘人员等（主要是对帮助销售人员成长的有关人员）实施奖励。

2. 采用弄虚作假方式申报该奖项的，除追回已发奖金外，扣发直接责任人 × 万元，负有领导责任的管理者承担连带责任，扣发 × 元。

第七条 特别说明

1. 本管理办法解释权归公司人力资源部所有。

2. 本管理办法自正式公布之日起试行 1 年，试行期届满，由销售部会同人力资源部根据业务开展情况进行适当调整。若无调整，则继续执行本办法。

三、实战方案 3
某新材料公司销售支持薪酬绩效管理办法

第一章 总则

第一条 目的

为了更好地激励销售支持团队发挥潜能，支持销售部门创造更高价值，结合业务发展阶段的具体情况，特制订本管理办法。

第二条 适用范围

本办法主要适用于公司销售支持人员。

第三条 薪酬构成

销售支持人员的薪酬包括基本薪酬（基本工资、职级工资、绩效奖金、加班工资、保留工资）及激励薪酬（年度奖金）。

第二章 销售支持人员的基本薪酬

第四条 销售支持人员的基本薪酬

销售支持人员的职位等级由低到高分为 9 级，每一个职级对应分为 1—5 等，具体对应的月度基本薪酬标准如下：

表 10–10 销售支持人员月度基本薪酬标准

管理职级	职级系数	月度基本薪酬（元/月）				
		职等				
		1	2	3	4	5
总监	9	×	×	×	×	×

管理职级	职级系数	月度基本薪酬（元/月）				
		职等				
		1	2	3	4	5
经理	8	×	×	×	×	×
	7	×	×	×	×	×
主管	6	×	×	×	×	×
	5	×	×	×	×	×
	4	×	×	×	×	×
专员	3	×	×	×	×	×
	2	×	×	×	×	×
	1	当地最低工资标准	×	×	×	×

基本薪酬 = 基本工资 + 职级工资 + 绩效奖金 + 加班工资 + 保留工资：

1. 基本工资：按照劳动合同履行地的最低工资标准执行。

2. 职级工资：是在考虑岗位责任、贡献、技能要求、工作强度、工作环境、社会劳动价格等因素的基础上设置的，是员工工资收入的保障部分。

3. 绩效奖金：是员工完成月度工作目标所获得的薪酬，是工作绩效结果的体现。员工绩效奖金 = 员工绩效奖金标准 × 员工本月考核系数，其中：岗位职级为1—3级（不含1—1级别）的按照月度基本薪酬的 ×% 执行，岗位职级为 4—6 级的按照月度基本薪酬的 ×% 执行，岗位职级为 7—9 级的按照月度基本薪酬的 ×% 执行。

4. 加班工资：公司支付的当月内每周六正常出勤的加班费，以基本工资为计算基数，按照每月加班 4 天进行核算，即加班工资 = × 元 / 月，如当月加班天数不足 4 天，则按照基本工资 ÷21.75×2× 周六上班天数进行核算。

5. 保留工资：主要用于薪酬套改过程中，超过对应职级薪酬总额部分，用保留工资的项目在员工薪酬中体现，待员工升降职级后予以冲抵。

第五条　职级职等的确定与调整

1. 个人职级定级规则

新进销售支持人员的职级由直接上级根据其工作经验、个人能力等确定。

2. 个人职级调整规则

销售支持人员职级调整分为月度调整与年度调整，分别与其当年度内月度绩效考核等级、年度绩效考核系数相关。

（1）年度：指每年 7 月前过去的 12 个月，即上一年的 7 月到今年的 6 月。

（2）月度调整：月度绩效考核等级达到规定条件的次月即做调整；年度内每出现 1 次月度绩效考核等级为 D 的，从出现的次月进行调整；年度内累计出现多次月度绩效考核等级为 C 的，分别从第 2 次、第 4 次、第 6 次等（以此类推）出现 C 等级的次月进行调整；凡出现上述任一情况的，均属于不胜任，调整后仍不胜任工作的，公司有权解除劳动关系。

（3）年度调整：每年的 7 月根据其过去 12 个月的年度绩效考核系数进行调整；年度绩效考核系数 = Σ 每年 7 月的过去 12 个月的月度绩效考核系数 /12；如当年转正后工作时间超过 3 个月不满 1 年的，则年度绩效考核系数 = Σ 当年度转正后工作月份对应的绩效考核系数 / 转正工作月数，其中，当月 15 日后转正的，不计算当月的绩效考核系数及转正工作月数；

年度调整时，处于试用期或转正不超过 3 个月的人员暂不调整。

表 10-11 职级职等调整规则

年度绩效考核系数 (K)	调整规则
K ≥ 0.9	纳入公司年度薪酬调整范围，原则上职级保持不变，职等上升一等，已是该职级最高一等的，则上升至上一专业职级的最低职等；如职等上升两等或以上的，则采用述职评审制，经总经办及综合部评审通过后，职等可突破上升
0.8 ≤ K < 0.9	职级及职等均保持不变
0.7 ≤ K < 0.8	职级保持不变，职等下调一等，已是该职级最低一等的，则下降至下一职级的最高职等
0.6 ≤ K < 0.7	职级保持不变，职等下调两等，已是该职级最低一等的，则下降至下一职级的次高职等
K < 0.6（不胜任）	下降至下一职级的最低职等

第三章 销售支持人员的绩效考核

第六条 考核方式

销售支持人员采用月度绩效考核方式，月度实发绩效奖金＝个人月度绩效奖金标准 × 个人月度绩效考核系数：

1. 月度绩效奖金标准：销售助理月度绩效考核等级每获得 1 个 S 或 A，则在对应职级职等绩效奖金标准基础上增加 1 个 ×%，最高不超过对应职级职等绩效奖金标准的 ×%；每获得 1 个 B，则在上月的绩效奖金标准基础上减少因绩效考核等级为 S 或 A 增加的 ×%，最低不低于对应职级职等的绩效奖金标准；每获得 1 个 C 或 D 的，则月度绩效奖金标准恢复为对应职级职等的绩效奖金标准。

2. 月度绩效考核系数如下：

表 10-12 绩效系数

绩效考核等级	等级描述	考评分数（X）	绩效考核系数（K）
S	卓越	X > 100	K=1.1
A	优秀	90 ≤ X ≤ 100	K=1
B	良好	80 ≤ X < 90	K=X/100
C	待改进	60 ≤ X < 80	
D	不胜任	X < 60	K=0

第七条 考核内容与标准

销售支持人员的绩效考核方法为计分制，每月满分为 100 分，具体如下（考核内容及扣分标准会根据业务发展情况做相应调整）：

表 10-13 销售支持人员的月度绩效考核标准

考核指标	评分标准	计分标准		数据来源
工作及时性	每出现一次未及时将对账回单交至财务归档	−5		财务部
工作准确性	每出现一次工作错误（如销售数据录入系统错误）	−10		销售部
工作态度	每出现一次客户投诉	−10		
工作满意度	销售人员对销售支持人员的综合评价	非常满意	+5	
		满意	0	
		一般	−5	
		不满意	−10	
工作行为	直属上级对其核心价值观评价（采用案例通关制，基准分为 10 分）	核心价值观分数 ≥ 6 分的，得分 = 上级打分；核心价值观分数 < 6 分的，当月的绩效考核等级直接为 D		

第四章 销售支持人员的激励薪酬

第八条　年度奖金

销售支持人员的年度奖金采用团队奖金包制度，具体如下：

1. 团队年度奖金包核定：年度奖金与公司一个自然年度内的销售目标完成率挂钩。具体如下：

表10-14 团队年度奖金包核算

销售目标完成率	团队年度奖金包
（0，80%]	（当年度12月底部门月度税前基本薪酬总额－当年度12月底部门月度绩效考核工资总额）××%
（80%，100%]	（当年度12月底部门月度税前基本薪酬总额－当年度12月底部门月度绩效考核工资总额）×销售目标完成率
（100%，＋∞）	（当年度12月底部门月度税前基本薪酬总额－当年度12月底部门月度绩效考核工资总额）×（销售目标完成率＋×%）

2. 奖金包分配到个人：

表10-15 奖金包分配规则

适用人群	分配规则
管理干部	团队年度奖金包 × 系数1× 时间系数
普通员工	个人职级系数 × 时间系数 × 调节系数 /（∑ 个人职级系数 × 时间系数 × 调节系数）× 团队年度奖金包 × 系数2
部门可调配包	团队年度奖金包 × 系数3，用于部门团建、培训等，由部门负责人报综合部及总经理后统筹使用，实报实销

（1）系数1+ 系数2+ 系数3=100%，具体比例由公司根据团队的绩效表现予以确定。

（2）时间系数 = 员工当年度转正后工作月数 /12，其中，15 日后转正的，当月不计算工作月数，如有超过 1 个月的产假、长假的，需扣减有效工作月数。

（3）调节系数：由部门负责人根据员工的绩效表现在 0—3 之间确定。

（4）当年度内累计周六请事假天数超过 4 天不足 8 天的，当年年度奖金减半；如超过 8 天的，取消当年年度奖金。

（5）员工出现下列情况之一，不得享受年度激励：

①个人或负责部门出现绩效考核结果为 D；

②当年度内出现 1 次价值观评价＜6 分的；

③违反公司管理制度受到重大处分；

④因违纪违法行为受到相关部门处理；

⑤对重大决策失误、重大资产损失、重大安全事故等负有责任；

⑥本人提出离职或者出于个人原因被解聘、解除劳动合同；

⑦当年度内累计出现 1 次旷工的。

第五章 附则

第九条 特别说明

1. 本管理办法解释权归公司人力资源部所有。

2. 本管理办法自 × 年 × 月 × 日起试行 1 年，试行期届满，由销售支持部门会同人力资源部根据业务开展情况进行适当调整。若无调整，则继续执行本办法。

本章小结：

1. 一套完整的销售薪酬激励方案应至少包含：薪酬结构、基本薪酬的确定、动态调整机制、绩效考核规则、提成 / 奖金规则。

2. 设计销售人员的薪酬激励方案时，需要区分销售一线人员、销售管理人员、销售支持人员，不同人群的激励重点不一样。

3. 请记住，好的薪酬方案应该是：促进内部公平、能上能下、多劳多得、提升人效、促进增长。